《台湾同胞抗日人物集·3》
编委会

丛 书 策 划：马　铁

丛 书 主 编：吴艺煤

丛书副主编：王连伟

编　　　著：《台湾同胞抗日人物集》编写组

统 筹 编 辑：刘中威

编写组成员（按姓氏笔画排列）

邓　征　古　雯　刘中威　毕　磊

余经伟　李　月　李军鸽　李志祥

李咏丰　杨建峰　陈雅琼　郭　婷

崔　岩　曹玮鸿　梁　原　黄文涛

台海出版社

图书在版编目（ＣＩＰ）数据

台湾同胞抗日人物集. 3 /《台湾同胞抗日人物集》编写组编著.
－北京：台海出版社，2014.7
（台湾同胞抗日丛书）
ISBN 978-7-80141-989-7

Ⅰ. ①台… Ⅱ. ①台… Ⅲ. ①抗日战争－历史人物－
生平事迹－台湾省 Ⅳ.①K820.858

中国版本图书馆 CIP 数据核字(2015)第 200619 号

台湾同胞抗日人物集-3	台湾同胞抗日丛书
编　著：《台湾同胞抗日人物集》编写组	
丛书策划：马　铁	丛书主编：吴艺煤
丛书副主编：王连伟	本书统筹：刘中威
责任编辑：姜　航	装帧设计：天下书装
版式设计：唐嫣荣	责任印制：蔡　旭

出版发行：台海出版社
地　　址：北京市朝阳区劲松南路 1 号　　邮政编码：　100021
电　　话：010－64041652（发行，邮购）
传　　真：010－84045799（总编室）
网　　址：www.taimeng.org.cn/thcbs/default.htm
E-mail：thcbs@126.com

经　　销：全国各地新华书店
印　　刷：三河市航远印刷有限公司
本书如有破损、缺页、装订错误，请与本社联系调换

开　　本：720×1020　1/16
字　　数：206 千字　　　　　　　　印　张：16.5
版　　次：2015 年 9 月第 1 版　　　印　次：2015 年 9 月第 1 次印刷
书　　号：978-7-80141-989-7
定　　价：38.00 元

序

　　抗日战争的伟大胜利是中华民族走向复兴的历史转折点，为中国共产党带领中国人民实现彻底的民族独立和人民解放奠定了重要基础。从 1937 年日本发动全面侵华战争，到 1945 年日本政府宣布无条件投降，八年时间内，面对日本军国主义的野蛮侵略，不愿做奴隶的中国人民同仇敌忾，奋起抵抗，同日本侵略者进行了气壮山河的英勇斗争。在空前惨烈的抗战岁月中，台湾同胞始终与祖国同呼吸，共命运，以各种方式参加和支援祖国的抗战，作出了不可磨灭的贡献。

　　《台湾同胞抗日丛书》包括《台湾同胞抗日人物集》、《台湾同胞抗日团体》、《台湾共产党抗日史实》和《台湾光复》（画卷），将于台湾光复 70 周年前夕，陆续与读者见面。这套丛书从不同角度展示"祖国的抗日战争，台湾同胞没有缺席"的历史事实，反映台湾同胞反抗外来侵略的不屈精神，他们之中有杰出的台湾女性革命家谢雪红，从黄埔军校走出来的台籍抗日将士李友邦，智取《田中奏折》的蔡智堪，为第二次国共合作而勤勉工作的谢南光，支持日本战俘反战运动的康大川，用文字或电影作为抗战武器的李纯青、何非光，为筹划收复台湾做出重要贡献的刘启光、连震东、谢东闵、黄朝琴等。在祖国大陆的台湾同胞自发成立广东台湾革命青年团、上海台湾青年读书会、台湾义勇队、台湾革命同盟会等爱国组织，积极投身于抗日复台的活动。

台湾共产党在岛内领导台湾同胞开展抗日运动，以台湾从日本殖民统治下获得解放，回到祖国怀抱为革命理想。丛书以台湾同胞反抗日本殖民统治、投身于祖国抗日战争，祖国大陆同胞支持和援助台湾同胞的抗日斗争为主题，透过海峡两岸同胞共御外侮的抗日历史，彰显台湾和祖国大陆不可分割的血脉联系。丛书的作者和编者，是从事台湾抗日历史研究的专家或学者。书中许多史料是第一次对外披露，具有较高的史学价值。

在这场波澜壮阔的全民族抗战中，台湾同胞用可歌可泣的实际行动续写了爱国爱乡的光荣传统，书就了民族精神的壮丽篇章。今天，当两岸同胞共同为实现两岸关系和平发展、为实现中华民族伟大复兴而奋斗的时候，我们再一次回顾、记取台湾同胞为台湾光复和祖国统一而竭心尽力的这一段历史，显得尤为珍贵，更加具有现实意义。

全国政协副主席
台盟中央主席　林文漪

目　录

丘逢甲 抗日保台的爱国英雄

丘逢甲（1864—1912年），字仙根、仲阏，又名仓海，出生于台湾苗粟县，后移居彰化县。丘逢甲出生在一个爱国世家，其先祖是为躲避战乱而从中原南迁的"客家人"，到丘逢甲的曾祖父丘仕俊时（清乾隆中叶时期），因耕地狭小，无以为生，所以偕同族人又漂洋过海，向台湾迁徙。到丘逢甲这一代，丘家在台湾定居已有四代、近百年的历史了。

丘逢甲

丘逢甲的父亲丘龙章，台湾贡生，毕生从教，为乡村塾师。他不仅是一位热心桑梓教育、培养后进的塾师，而且是一位关心国事、具有爱国心的封建知识分子。1874年日本出兵侵犯台湾南部牡丹社地区，以及1884年法军占据台湾鸡笼（今基隆）等事件，使丘龙章倍感忧虑和警惕，为台湾的将来感到担忧。1864年，丘逢甲就出生在这样一个具有浓厚爱国爱乡思想、生活上保持清朴风尚的乡村塾师的家庭里，自幼受清朴刚正家风的熏陶和艰苦生活的磨炼，"幼负大志"，渴望报效国家民族。这一切对他日后的事业以及人生道路都产生了积极有益的影响。

天资聪慧　科场得意

丘逢甲的启蒙教育，是由他的父亲丘龙章在家庭中完成的。他自幼天资聪慧，读书过目不忘，"六岁能诗，七岁能文"。现在我们所见的丘氏最早诗作，是他9岁时写的两首七言古诗，头一首题为《学堂即景》，诗曰：

三落书房菊花开，玲珑秀色满园堆；

儿童扫尽尘埃地，灌者观花影上来。

丘龙章见孩子聪颖异常，文思敏捷，且勤奋好学，愈加喜爱，要求也格外严格，不论走到哪里，都把他带在身边，利用一切机会对孩子进行启迪教育，使丘逢甲从小便能接触社会，了解世事人情，突破闭门苦读的局限，眼界较宽，知识面广。14岁时，丘逢甲赴台南应童子试，获全台第一，受闽抚兼学台丁日昌赏识，特赠"东宁才子"印一方，由此闻名全台。

1888年，丘逢甲参加乡试，中为举人。第二年春，赴京参加会试，中进士，钦点工部虞衡司主事。此时丘逢甲年仅26岁，但他却无意仕途，辞归故乡，专意养士讲学，任台南崇文书院主讲，同时兼任台湾府衡文书院及嘉义罗山书院主讲。1892年，《台湾通志》总局正式开设，丘逢甲被聘为采访师，负责采访、补辑乡土故事，因此有较多机会深入民间，了解社会民情。这时期，整个中国正处在深刻的民族危机和社会矛盾之中，西方列强的殖民侵略使中华民族面临着生死存亡的威胁，这样的社会现实不能不使丘逢甲感到郁闷和隐忧，他慨叹道："风月有天难补恨，江山无地可埋愁。""孤岛十年民力尽，边疆千里将材难。"他预感到一场大的动荡即将到来，自己虽隐身山林，专心教读，但渴求报效国家之情却炽热而强烈。在凭吊台南延平郡王祠时，他先后题写两幅楹联，其中一幅为："由秀才封王，为天下读书人别开生面；驱异族出境，语中国有志者再鼓雄风。"在他的书屋中，自书中堂"且看鹰翅出云时"，以明心志，时刻准备为国家民族效命疆场。

抗日保台　慷慨悲壮

1894年，中日甲午战争爆发，一场空前深重的灾难降临中国，而立之年的丘逢甲接受了他一生中最为严峻的血与火的考验。在短短的一年时间里，他创办义军，刺血上书，倡导自主保台，亲率义军抵抗日本侵略者的武装侵占，谱写了他一生中最为慷慨悲壮和光彩夺目的一页。

1894年，朝鲜爆发东学党起义，朝鲜政府无力镇压，请求清政府出兵援助。日本政府认为有机可乘，一面在日本国内进行秘密动员，一面照会清政府，诱使中国出兵朝鲜。紧接着日本借口保护侨民，派出重兵抢先占领了从仁川到汉城一带的军事要地。7月25日，日本海军在朝鲜牙山口外的丰岛海面偷袭中国的运兵船；28日，出动陆军4000多人，悍然向驻扎在汉城近牙山的清军发动进攻，对中国不宣而战。战争爆发的消息很快就传到了台湾，沿海已经戒严。平素就十分关心国事的丘逢甲密切关注着战局的发展变化，凭着多年对中外形势的观察了解，他深切地预感到台湾将面临的危难，忧心忡忡地对友人说："天下自此多事矣！日人野心勃勃，久垂涎此地，彼讵能恝然置之乎？"遂率先倡议，召集各乡人民加强训练，以备战守，并请命督办团练。

这一年8月间，台湾布政使唐景崧受命帮同台抚邵友濂办理台湾防务。丘逢甲征得恩师唐景崧同意后，于是年中秋前后，"倾家财以为兵饷"，招募义勇，举办团练。丘逢甲此举得到父亲丘龙章的全力支持，"一门子弟能干戈者，尽令从戎"。为举办团练，丘逢甲倾注了自己的全副心血。兵员不足，他到处奔走，到各地广泛动员，对青壮年晓以大义，动以利害：

> 吾台孤悬海外，去朝廷远，不啻瓯脱。朝廷之爱吾台，曷若吾台民之自爱！官兵又不尽足恃，脱一旦变生不测，朝廷遑复能顾吾台？惟吾台人自为战，家自为守耳。否则祸至无日，祖宗庐墓之地掷诸无何有之乡，吾侪其何以为家耶？[①]

丘逢甲平素以诗文享誉全台，尤其是考中进士以后，他有官不做，宁愿弃职还台，服务桑梓，多年来主讲台中、台南等各处书院，门生弟子及诗友遍布全台，无论是在士林，还是在一般民众之中，他都享有相当高的声望和号召力。如今国难当头，强敌进逼，台事危急，丘逢甲又以"守土拒倭"号召乡里，这种爱国义举正符合广大台胞的内心愿望，因而他登高一呼，立即引起各界民众的强烈反响。诚如江山渊的《丘逢甲传》中所说：丘逢甲慷慨激昂的演说"一字一泪，言未已已哽咽不能成声，听者咸痛哭，愿唯命是听"。[②] 一时爱国忠勇之士群起而响应，在很短的时间里就组建成一支号称百营的义军队伍，丘逢甲自任全台义军统领，设司令部于台中丘逢甲的住所柏庄，祭旗誓师，驻防台中，兼任筹饷。

随着战局的变化，丘逢甲在给台湾巡抚唐景崧等人的信中，多次表明自己的见解和决心："北方停战，倭寇全力赴台，自在意中。如当国者真有弃台之意，窃愿举所有义旅，共保危疆。"正当丘逢甲在台湾

---

① 徐博东、黄志萍：《丘逢甲传》，时事出版社，1987年，第57页。
② 江山渊：《丘逢甲传》，《小说月报》第6卷3号，1915年。

殚精竭虑创办义军，严防日寇侵略的时候，前方清军却连连失利，节节败退，牙山、丰岛惨败，平壤丢失，黄海失利，辽东告急，旅大吃紧；10月底，安东（今丹东）、九连城、宽甸、海城等战略要地相继丢失；11月，大连、旅顺落入敌手；次年2月，威海卫军港陷落，清海军精锐北洋舰队全军覆没……清政府惊恐万状，决定割地赔款求和，授予李鸿章以"商让土地"的全权，赴日本谈判乞和，至此，中国战败已成定局。

此时，台湾局势日益紧张，甲午年冬，日本前文部大臣井上毅则向内阁总理大臣伊藤博文建议迅速派兵占领台湾。他说：

> 世人皆知朝鲜主权之必不可争，而不知台湾占领之最可争。……占有台湾者，可能扼黄海、朝鲜海、日本海之航权，而开阔东洋之门户焉。况与冲绳及八重山群岛相联，一臂所伸，以制他人之出入乎？若又此一大岛而落入他人之手耶？我冲绳诸岛亦受鼾睡之妨，利害之相反，不啻霄壤。若失此机会，二三年后，台岛必为他一大国所有矣，不然亦为中立不可争之地矣。①

日人对台湾的野心可见一斑。

在全国人民的一致反对声中，《中日马关条约》于1895年4月17日在日本马关春帆楼签订。条约规定，中国向日本赔偿巨款2亿两白银，将辽东半岛、台湾全岛及所属岛屿、澎湖列岛"永远让于日本"。并且规定上述割让之地的中国居民，两年后"尚未迁徙者，均宜视为日本臣民"。条约同时规定：条约批准互换后，"两国立即各派大员至台湾，限于本约批准后两个月内交接清楚"。

消息传到国内，举国大哗，万众同愤。这年正值北京会试，参加

---

① 徐博东、黄志萍：《丘逢甲传》，时事出版社，1987年，第60—61页。

会试的举人康有为、梁启超联合各省在京会试的1300多名举子上书光绪皇帝，要求清政府拒绝批准条约，迁都再战，变法图强。台湾籍举人尤为激愤，他们声泪俱下，联名上书都察院，坚决表示"与其生为降虏，不如死为义民"，"台湾军民必能舍生忘死"，誓与日寇血战到底。在全国人民一致抗议的影响和推动下，清政府中的一些主战派官员也纷纷上书朝廷，反对割台让日。一场前所未有的中国人民反侵略、反卖国的爱国运动迅速形成高潮，震荡着神州大地。

割台凶耗传至台湾，全省悲愤，人们奔走相告，"若午夜暴闻惊雷，惊骇无人色"，"聚哭于市中，夜以继日，哭声达于四野，风云变色，若无天地"。台北市民率先鸣锣罢市，民众拥围抚署，哭诉死不属倭，并电约台中、台南各地绅民共同挽留唐景崧和刘永福等固守台湾。他们要求藩库内饷银不准运出，军械局不准停工，台湾各项税收应全部留供抗日之用。[①] 全台义勇个个义愤填膺，奋袖出臂，摩拳擦掌，誓与日倭决一死战！丘逢甲闻讯，更是怒不可遏，当即刺破手指，血书"抗倭守土"四个大字，以示抗日保台的决心，同时邀集当地绅民集会抗议，并以"工部主事、统领全台义勇"衔名率领全台绅民上书责问清政府：

> 和议割台，全台震骇。自闻警以来，台民慨输饷械，不顾身家，无负朝廷。列圣深仁厚泽，二百余年，所以养人心正士气，为我皇上今日之用，何思弃之？全台非澎湖之比，何至不能一战？臣等桑梓之地，义与存亡，愿与抚台誓死守御。设战而不胜，请俟臣等死后再言割地，皇上亦可以上对祖宗，下对百姓。如倭酋来收台湾，台民唯有开仗！谨率全台绅民痛哭上陈等因。乞代奏。[②]

---

①陈孔立主编：《台湾历史纲要》，九州图书出版社，1996年，第320页。
②徐博东、黄志萍：《丘逢甲传》，时事出版社，1987年，第68页。

4月28日（阴历四月初四日），丘逢甲啮指血书，代表全台绅民向清廷痛陈曰：

> 万民誓不从日，割亦死，据亦死，宁先死于乱民手，不愿死于倭人手。现闻各国阻缓换约，皇太后、皇上及众廷臣倘不乘此时将割地一条删除，则是安心弃我台民；台民已矣，朝廷失人心，何以治天下……①

在不到一个月的时间里，丘逢甲先后三次啮血上书，率领全台绅民请求清廷废约再战，使得光绪老师翁同龢也为之动容，在日记中写道："得台湾门人俞明震、丘逢甲电，字字血泪，使我无面目立于人世矣！"甚至光绪皇帝也为之感动，命李鸿章"详筹挽回"。可是软弱无能的清政府最终还是批准了《马关条约》。丘逢甲等台湾官绅们希望清廷收回割台成命的幻想终于破灭了，悲愤中他们决心自主保台，与胆敢入侵的日本侵略者决一死战。

1895年5月8日，清政府与日本在烟台换约，《马关条约》正式生效。面对这种"无天可吁，无主可依"的千古奇变，丘逢甲悲愤交加地说："余早知有今日矣！虽然，台湾者吾台人之所自有，何得任人之私相授受？清廷虽弃我，我岂可复自弃耶！"于是，丘逢甲同台湾的爱国官绅陈季同、林朝栋、陈儒林反复商量，设计保台方案，曾任驻外公使馆参赞多年的陈季同熟知国际法，提出了"民政独立、遥奉正朔、拒敌人"的主张②。5月15日，丘逢甲等爱国绅民在台北筹防局集议，以全台绅民的名义电告总理衙门及各省督抚，宣布自主保台：

> 台湾属倭，万姓不服，迭请唐抚院代奏台民下情，而事难挽回，如赤子之失父母，悲惨曷极！伏查台湾为朝廷弃地，百姓无依，唯有死守，据为岛国，遥戴皇灵，为南洋屏藩。

①安然：《台湾民众抗日史》，台海出版社，2003年，第66页。
②安然：《台湾民众抗日史》，台海出版社，2003年，第44页。

唯须有人统率，众议坚请唐抚台仍理台事，并请刘镇永福镇守台南。一面恳请各国查照割地绅民不服公法，从公剖断，台湾应作何处置，再送唐抚入京，刘镇回任。台民此举，无非恋戴皇清，图固守以待转机。情形万紧，伏乞代奏。全台绅民泣叩。①

5月21日，在事情万分危急的情况下，大家共议成立"台湾民主国"，推唐景崧为"台湾民主国总统"，刘永福为"台湾民主大将军"，丘逢甲为"副总统兼义勇统领"，姚文栋为"游说使"。②以蓝地黄虎旗为国旗，表示臣服于清朝；改年号为"永清"，以示台湾永远隶属于中国。5月25日，"台湾民主国"成立，并以台湾绅民的名义布告中外，发表《自主宣言》：

日本要索台湾，竟有割台之款。事出意外，闻信之日，绅民愤恨，哭声震天。虽经唐抚帅电奏迭争，并请代台绅民两次电奏，恳求改约；内外臣工，俱抱不平，争者甚众，无如势难挽回。绅民复乞援于英国，英泥局外之例，置之不理。又求唐抚帅电奏，恳由总理各国事务衙门商请俄、法、德三大国，并阻割台，均无成议。呜呼惨矣！……今已无天可吁，无人肯援，台民唯有自主，推拥贤者，权摄台政；事平之后，当再请命中朝，作何办理。倘日本具有天良，不忍相强，台民亦愿顾全和局，与以利益。唯台湾土地政令非他人所能干预。设以干戈从事，台民唯集万众御之，愿人人战死而失台，决不愿拱手而让台。……如各国仗义公断，能以台湾归还中国，台民亦愿以台湾所有利益报之。台民皆籍闽粤，凡闽粤

①徐博东、黄志萍：《丘逢甲传》，时事出版社，1987年，第76页。
②中华全国台湾同胞联谊会编：《台湾同胞抗日50年纪实》，中国妇女出版社，1998年，第2页。

人在外洋者，均望垂念乡谊，富者挟资渡台，台能庇之，绝无欺凌；贫者歇业渡台，即可谋生，兼同泄愤。此非台民无理倔强，实因未战而割全省，为中外千古未有之奇变。台民欲尽弃其田里，则内渡后无家可依；欲隐忍偷生，实无颜以对天下。因此捶胸泣血，万众一心，誓同死守。倘中国豪杰及海外各国能哀怜之，慨然相助，此则全台百万生灵所痛哭待命者也。[1]

台湾民主国成立后，台湾军民士气大振，严阵以待，决心以血肉之躯来抵抗日本的武装侵占。但是统帅唐景崧表面上答应留台抗日，骨子里却并没有抵抗到底的信心和决心。留台抗日还是奉旨内渡，唐景崧内心极为矛盾和挣扎，时时处处留有余地，随时准备"相机自处"。加上他志大才疏，刚愎自用，指挥失当，调度无方，刚一开战，就使全台的重镇台北率先失陷。危急时刻，他又贪生怕死，一走了之，台湾局势终于无法挽回。

1895 年 5 月 29 日，日军从澳底（今台北贡寮）、盐城一带登陆，开始由北向南大举进犯。由于驻守的官兵皆是新募，"成军甫三日，遇敌不敢战"，日军轻而易举地登陆成功。没过几天，基隆、台北相继陷落。日军既占台北，旋即乘胜沿铁路南犯，这时丘逢甲同全台军民一道，积极投入战斗。他率领义民在新竹一带与日军血战二十余昼夜，直到"饷尽粮绝，死伤过重"，才被迫后撤。

接着，丘逢甲又在台中转战月余，复"又大败，全军丧尽"。经过近一个月激烈的战斗，丘逢甲领导的义军伤亡惨重，不少重要将领相继阵亡，饷竭弹尽，各部星散，柏庄司令部也被日军纵火焚毁。当时丘逢甲在进退维谷间拟去台南与刘永福会合，图谋再举，但因日军防

① 徐博东、黄志萍：《丘逢甲传》，时事出版社，1987 年，第 81 页。

范严密，"道中梗，不能行。而台北已陷诸城邑，闻台南义声，咸跃跃思奋，仓海复与之约，定期起兵图恢复，为日军所侦知，防备周密，无隙可乘"。既而丘逢甲欲率众人死守，与台共存亡。随从皆泣阻，"以为徒死何益"，劝他"台虽亡，能强祖国则可复土雪耻，不如内渡也"。丘逢甲的父亲丘龙章听说有人提出内渡大陆的主张，起初颇不以为然，他赞同丘逢甲入山固守的意见，并要他"切勿顾虑家人的安全"，同时"准备于必要时自杀殉国"。及至向他反复说明"返回大陆，是为的图谋恢复台湾的长久打算，并非从此终止抵抗"，这才使他放下心来，并转而劝丘逢甲内渡。丘逢甲仰天叹曰："死，易事也，吾将效曹沫复鲁仇焉!"遂决定内渡祖国大陆。临行之际，他遥望家乡宝岛，想到她即将沦为异域，虑及父老乡亲正惨遭日寇的践踏，心如刀绞，对日本的侵略满怀悲愤之情，自命"海东遗民"，挥笔写下《离台诗》六首，诗中痛斥清政府的卖国罪行，表达了他恋念家乡父老的拳拳深情和渴求台湾回归祖国的强烈愿望，充满了矢志雪耻的悲壮情怀。其中两首这样写道：

宰相有权能割地，孤臣无力可回天；

扁舟去作鸱夷子，回首河山意黯然。

卷土重来未可知，江山亦要伟人持；

成名竖子知多少，海上谁来建义旗?[①]

投身教育　造福桑梓

丘逢甲内渡后定居在广东镇平（今蕉岭），因抗日保台失败，内心极为痛苦。然而，他对国家民族利益和命运的关切从未减轻。

---

①安然：《台湾民众抗日史》，台海出版社，2003年，第69页。

在当时维新变法图强的社会思潮影响之下，他通过对历史的考察和对现实的探究，认为"欲强中国必以兴起人才为先，欲兴起人才必以广开学堂为本"，于是决心走教育救国的道路，"锐意于兴学启民智"。他不仅倡导教育，到韩山书院、东山书院讲学，而且力主创办新式学堂，在不到十年的时间里，创办了汕头"岭东同文学堂"，镇平"初级师范传习所"、"自强社课"、"创兆学堂"等，先后共"劝办学校以百数"。为创办学堂，丘逢甲经年辛勤劳作，或草定章程，或筹措经费，或安排课程，或聘请教员，或回复各校信函，种种事务均亲自为之，以致常常"鸡鸣不寐"。在倡导教育救国的同时，革新教学内容，主张向青年灌输新知识，反对封建旧学，宣传新思想。尽管因此被当局"目为异端"而遭受打击，仍"不变其讲学立教之旨"。在他所创办的新式学堂中，增设算学、生化、格致（物理）、英语、日语、兵式体操等新课程，并聘请英、日学者为教习，介绍先进科学技术，传播西方民主思想，力求以"有用之学"，造就能为国效力的人才。他要求教师不仅要"博学"，更要"心明"，既明白教育的内容，更要明白教育的对象。对学生，则教导他们为"树捍卫国家民族之勋业"而勤奋学习。

丘逢甲用新思想指导办教育，造就了一大批"端志励学"的新人，其中不少青年由爱国而走上革命道路，如邹鲁、罗福星、姚雨平、林震等还成为辛亥革命的骨干力量。正是在这样一个新的历史背景和思想基础上，丘逢甲开始由一个爱国士绅逐步转变为倾向革命的志士，成为资产阶级民主革命派的真朋挚友，利用自己的社会地位和与广东地方上层人物的特殊关系，为革命做了大量的工作。

身在大陆 心系台湾

尽管身在大陆，可丘逢甲的心始终牵挂着他的故乡台湾，他无时无刻不在思念着曾养育过他、而现在沦为异域的故土。他常常谆谆告诫子侄们曰："台湾同胞四百万，尚奴于倭，吾家兄弟子侄当永念仇耻，勿忘恢复。"每当提起往事，他就情难自禁："往事何堪说，征衫血泪斑"，"不知成异域，夜夜梦台湾"，"平生去国怀乡感，只合江头醉十分"。他从来就没有放弃过收复台湾的决心，并为其子丘琮命字为"念台"，书房为"念台精舍"，以示对台湾的思念。由于当时的历史环境和条件，他只能把满腔的悲愤和忧愁转化为一首首诗歌，以寄托他的情怀。如：

> 春愁难遣强看山，往事惊心泪欲潸。
>
> 四百万人同一哭，去年今日割台湾。
>
> 天涯雁断少书还，梦入虚无飘渺间。
>
> 兵火余生心易碎，愁人未老鬓先斑。
>
> 没蕃亲故沦沧海，归汉郎官遁故山。
>
> 已分生离同死别，不堪挥涕说台湾。
>
> 愁云极目昼成阴，飞鸟犹知恋故林。
>
> 破碎山河收战气，飘零身世损春心。
>
> 封侯未遂空投笔，结客无成枉散金。
>
> 梦里陈书仍痛哭，纵横残泪枕痕深。[①]

这种对故乡的思念，不仅没有因时间的推移而淡化，相反却越来越浓烈："飘零剩有乡心在，夜半骑鲸梦渡台"，"三年此夕月无光，明月多应在故乡；欲向海天寻月去，五更飞梦渡鲲洋"，无不浸染着悠悠乡情。丘逢甲始终坚信，只要大家都有"生做愚公死精卫"的顽强精神，经过长期不懈的奋斗，台湾终归能回到祖国的怀抱，"四万八千

---

①徐博东、黄志萍：《丘逢甲传》，时事出版社，1987年，第106页。

户，将完玉斧功"。他在《村居书感次崧甫韵》一诗中说：

乾坤苍莽正风尘，力挽狂澜仗要人。

岂有桃源堪避世，不妨蔬水且安贫。

天阊辽阻愁呵壁，时局艰危痛厝薪。

只恐南阳难稳卧，中原戎马待纶巾。

遗憾的是，丘逢甲没有看到台湾回归祖国那一天的到来。由于连年为国事忧劳奔走，积久成疾，1912年年初，丘逢甲突患严重肺炎，不幸于同年2月25日离世，终年49岁。临终前遗言后人："死了必须南向而葬，我不能忘记台湾啊！"带着对故乡台湾深深的眷恋，丘逢甲匆匆走完了他的人生之路。但他的爱国精神和光辉业绩，却光照人间，永世长存！

五人上书反对割台 可歌可泣的历史见证

1895 年，腐败无能的清政府在甲午战争中战败，被迫把台湾割让给日本。50 年间，台湾人民从未停止对日本殖民统治的抵抗，从武装斗争到议会设置请愿运动，从台湾文化协会到

1895 年清政府甲午战败后，五人上书反对割台

台湾民众党，掀起了一波又一波的反抗斗争，谱写了一首首慷慨悲壮的历史赞歌。五人上书反对割台，是其中感人至深的一幕。

叶题雁（？—1905 年），字映都，号梅珊，出身于晚清泉州乡绅望族。出生年代不详，一般记载为泉州土门外下围村人。1880 年（清光绪六年、农历庚辰年），以"台湾台北县籍三甲第六十名庚辰科进士，官郎中、御史"。

李清琦（1856—？），明代著名思想家李贽的族裔，字璧生，号石鹤，1856 年生，福建晋江人。1882 年，以台湾彰化籍中举。1894 年（清光绪二十年、农历甲午年）中进士，选翰林院庶吉士。

汪春源（1869—1923 年），字少羲，号杏泉，1869 年生，台

14

湾安平人。1903 年（清光绪二十九年）中进士，是中国历史上最后一名台湾省籍进士。

罗秀惠（1865－1942 年），字蔚村，号蕉麓，台湾嘉义人。清光绪年间中举人。

黄宗鼎（1862－1956 年），字檝洳，后更名黄彦威。1862 年生，台湾淡水人。1889 年（清光绪十五年）中举。

. . . .

1894 年（清光绪二十年、农历甲午年），爆发中日甲午战争，中国惨败。1895 年 4 月 17 日（清光绪二十一年、农历乙未年三月二十三日），清政府被迫与日本政府签订丧权辱国的《马关条约》。条约议定清政府割让辽东半岛、台湾全岛及其附属岛屿以及澎湖列岛等地给日本，并赔款白银二万万两。

消息传到国内，群情激愤。4 月 28 日（农历四月初四），即《马关条约》签订后的第 11 天，在京台籍人士叶题雁、李清琦、汪春源、罗秀惠、黄宗鼎等五人联合上书都察院，由都察院左都御史裕德代转奏呈文[①]，原文首句即为"具呈户部主事叶题雁、翰林院庶吉士李清琦、台湾安平县举人汪春源、嘉义县举人罗秀惠、淡水县举人黄宗鼎等，为弃地畀仇、人心瓦解，泣吁效死，以固大局；沥请据情代奏事"。表示"夫以全台之地使之战而陷、全台之民使之战而亡，为皇上赤子，虽肝脑涂地而无所悔"，表明"台地军民必能舍死忘生，为国家效命"坚决反对割台的决心和勇气。史称"台湾五举子公车上书"或曰"台湾五人上书"。

叶题雁，因其一生主要活动除在京城任职外多在泉州，近有学者疑其"冒籍"，情况不明。抵制割台后，继续留做京官，曾寓居晋江邑

---

① 见《清光绪朝中日外交史料》卷三十九。

馆。汪毅夫教授在《台湾历史文化名人与北京的台湾会馆》① 一文中提及叶题雁与晋江邑馆的联系。文中所述，1900 年（农历庚子年），八国联军入侵北京。当时，叶题雁以"户部郎中"之身寓于晋江邑馆。他亲见八国联军之暴行，愤而作《外侮痛史》，其中写道："庚子七月廿一日，洋兵破都城，焚毁劫掠，惨无天日。至廿五日，各国会议分段管辖，出示安民。御史某被洋兵捉去，勒令扫地；内阁某被洋兵捉去，勒令由彰仪门外拉炮车赴琉璃厂。西兵每日巳刻到处捉人，勒令做苦工，或挑水，或洗衣，或擦炮，或拉车，至申刻释放。……"并悲呼："以上各节，当时各国视之，直为纤微小事耳，有何国际公法之在目！"汪毅夫介绍，这段原文引自 1980 年代后期编印的《泉州鲤城文史资料》第 2 辑，而使此文能留存于世，则很偶然地因叶题雁"遗稿在家"。1904 年，因母丧回祖籍地福建泉州居住。1905 年病逝。

李清琦，曾有学者疑其"冒台湾籍"，其后人坦陈确属在彰化亲友处借籍。抵制割台后，被授刑部主事，旋改任知县。1898 年，离京返回泉州至终老。曾任泉州清源书院山长。

汪春源，在乙未割台后，"耻为异族奴，尽去田园，举家内渡"。②。1903 年（清光绪二十九年）中进士，且在报名填写籍贯时不顾清政府的规定，坚持填写"中国台湾省安平县人"，而成为中国科举史上最后一名台湾省籍进士。曾任江西宜春知县，后落籍祖地福建龙溪，1923 年终。因其先后参与台湾五举子和康有为的"公车上书"，有学者称其为"公车上书第一人"。

罗秀惠，乙未割台后，一度避居北京。1897 年回台，长期定居安平。当时日本政府任命的台湾总督以怀柔手段来拉拢文人，特意将其招至台北，询以"治台十策"。儿玉源太郎任总督时，曾聘为《台澎日

①台盟网"海峡两岸"子栏目"文苑撷英"。
②见《台湾省通志》卷七《人物志·列传篇》

报》汉文主笔，并协助纂修《台南县志》。1897年，担任台南国语传习所教务嘱托；1899年，台南师范学校成立后应聘为教务嘱托，教授汉文、习字；1902年，因病辞职。后内渡在闽创《厦门日报》，该报停刊后再回台南。1908年，赴台北，在《台湾日日新报》汉文部任职。1925年1月，得工矿企业家颜国年等捐助，创《台北黎华新报》社并任发行人。1942年5月逝世。1976年，台南市当局誉其为"清代台南府城十大书家之一"。

黄宗鼎，台湾日据初期，与其弟黄彦鸿离台内渡，归籍于福建闽侯。曾任山西朔州知州及夏县、大宁、蒲县、永济知县，福建建宁、河南兰封县知事，山西北路高等审判厅厅长，北京财政部科员。1953年任北京市文史研究馆馆员。1956年逝。生前撰有《浣月斋吟稿》。特别值得指出的是，其子黄畲、黄正襄都是幼年随父到京，也先后任"文史馆馆员"。

五人上书开言直抒胸臆，表示"闻诸道路有割弃全台予倭之说，不胜悲愤！"，愤而泣言"与其生为降虏，不如死为义民"。[①]他们坚决反对割台的义举，康有为也为之感动，在《康南海先生自编年谱》中如是说："台湾举子垂涕而请命，莫不哀之。"并以诗为记："抗章伏阙公车多，连名三千毂相摩，联轸五里塞巷过。台人号泣秦桧歌，九城谣谍遍网罗。"他道出了在京台湾举子的拳拳爱国之心。

现在，位于北京市东城区大江胡同114号的台湾会馆门前，与前门东街交界处，有一尊雕像，这就是纪念近代史上有名的"五人上书"的雕像。他们的爱国爱乡的光荣传统和可歌可泣的感人事迹，将永远留在人们心中。

---

①安然：《台湾民众抗日史》，台海出版社，2003年，第33页。

17

张我军 台湾的胡适

张我军（1902 — 1955年），原名张清荣，笔名一郎、速生、野马、以斋等。台湾台北县人。中国台湾作家，文艺理论家。台湾新文学运动的开拓、奠

20世纪20年代张我军夫妇在台北板桥林家花园合影

基者。1926年始陆续发表小说《买彩票》、《白太太的哀史》、《诱惑》等。作品有力地揭露与批判了黑暗时代，有"台湾文学清道夫"、"台湾的胡适"盛称。

20世纪20年代初，在五四精神的召唤下，处于日本帝国主义铁蹄下的台湾知识分子，紧跟祖国新文化运动的步伐，掀起了一场波澜壮阔的台湾新文学运动。张我军、赖和、杨逵等正是走在这一运动前列的最杰出的代表。以张我军为首的新文学倡导者，借鉴大陆新文学

18

经验，与旧文人进行论战，进一步扩大了新文学的影响；张我军还致力于台湾新文学理论的建设和大陆新文学优秀作品的引介，为台湾新文学的发展提供理论支撑和学习的摹本。在台湾新文学运动中，面对台湾旧文坛这座"败草丛中的破旧殿堂"，张我军甘做默默前行的"清道夫"，决心破开这"绝无窗户而万难破毁"的铁屋子，敲醒里面"从昏睡入死灭"的人们，更指出走出铁屋子并继而前行的道路，就是摧毁台湾旧文学的殿堂，大力开展新文学建设，从而沉重打击了日本殖民当局支持下的台湾旧文坛，促使台湾旧文学阵营最终解体。

恋爱经历　曲折甜蜜

1925 年，张我军自费出版了诗集《乱都之恋》，这是台湾第一部白话新诗集。《乱都之恋》中所行吟的故事，就是张我军在北平求学时发生的。刚到北平时，张我军寄居在后孙公园的泉郡会馆，上课就在厂甸的高等师范所办的升学补习班。当年补习班的夜班部是男女共学，班上有两朵班花，一位 17 岁的少女叫罗文淑，肄业于北京尚义女子师范学校，为提高学业才到这所补习班补习功课。张我军创作的第一首白话新诗——《沉寂》，就是诗人偷偷写给心上人罗文淑的："在这十丈风尘的京华，当这大好的春光里，一个 T 岛的青年，在恋他的故乡！在想他的爱人！他的故乡在千里之外，他常在更深夜静之后，对着月亮儿兴叹！他的爱人又不知在哪里，他常在寂寞无聊之时，诅咒那司爱的神！"

不过，那时候虽说风气刚开，但中国毕竟还是一个保守封闭的社会，男女恋爱，不仅要避人耳目，更要向家长隐瞒，所以这一对青年男女的私约，对罗家没透半点口风。后来张我军手边的钱花完了，在北平无法生存，就暂时回到台北，在日本统治下的独家汉文报纸《台湾民报》当编辑。张我军连着给罗文淑去了好几封信，但都石沉大海，杳无音信，原来女方的家长察觉此事，将男方的情书悉数没收，女方也不知道张我军的联系地址，弄得只有男女双方关山阻隔，梦萦魂牵。此时，有一个高等师范四年级学生庄某，对罗文淑心仪已久，见张我军返台迟迟未归，就通过媒妁向罗家求婚，除去说了不少张我军的坏话外，还说自己是大富商的弟弟，可以养活罗文淑的寡母幼弟。罗母正愁"女大不中留"，看到庄某即将毕业，家境也不错，于是就应允了这桩婚事。罗文淑虽说心中早有他人，但拘于旧礼教约束，也不敢公开表示反对，只能暗暗着急。紧急关头，张我军的挚友洪炎秋得闻此事，立即给张我军发去一封急电。张我军接到电报后，当即赶来北平，托付另一个女友将罗文淑约出家门，俩人决定离家私奔，共奔台湾，来争取自己的幸福。自此，罗文淑为自己心爱的人改名为罗心香。

1986 年，已经是耄耋老人的罗心香在美国纽约寓所回忆起这段恋情，依旧是那样甜蜜缱绻，令人回味：

> 一天我开箱找衣服，突然从箱子上掉下一封信和一张照片，信上只是写了一首莫名其妙的白话诗。有一天，这个写诗的青年主动来找我攀谈，才知道他叫张我军。他说自己不是来这里补习功课，而是来学北京话的。就这样，我们彼此相识了。我在一个姊姊的陪同下，每星期到他住的泉郡会馆去一次，说些话，借几本杂志回来看。当时社会上青年男女还不能公开交往，我们只能保持这样的接触，他要求同我通信，我告诉他我家是封建旧家庭，不允许同男孩子来往。他说可以用女人的名字写信，于是就用"娥君"的名字，每周给我来一两封信。还经常约我去公园，来去都各走各的路，躲躲藏藏地到没人的地方才说话。这样来往了大半年，他忽然不辞而别，接到信后才知道他回台湾了。就在这时家人要

包办我的婚事。正当愁云密布之时，有人把这消息电告我军，他立即从台湾赶回北京，约我见面说，事至如此，只有一起去台湾避难，否则前途将遭厄运。就在这种情况下，我只穿了一身学生服，没有携带任何证件，同我军一同坐火车到上海，再乘船到厦门鼓浪屿，然后写信给家人。他们接到信后，立即寄钱和衣物给我，并要我们尽快正式结婚。得到这个消息，我们非常高兴，遂一同乘船去台湾，在台北江山楼摆了两桌酒席，举行了婚礼。

不畏强权　爱国如家

诗集《乱都之恋》出版之际，正是日本殖民主义在台湾实行严厉的思想钳制、推行"皇民化"文化、禁止汉语传习的时期。台湾人为了民族尊严，只好在各地创设诗社，以集会作诗为掩护，来延续民族文化的传承。不过，当年所有的诗作都是古风、律诗和绝句，到《乱都之恋》出版后，不少读书人才知道世间除了文言的旧体诗外，还有白话的新诗体，于是纷纷起而仿效，给台湾的白话文运动以及诗体的解放，带来了一阵清新的涟漪。张我军还甘冒大不韪，毅然宣称"台湾文学乃是中国文学的一支流"，指出台湾文学与大陆文学密不可分的血缘关系。因此，张我军被人誉为"代表了台湾作家不畏强权的道德良心"。

1935 年 11 月，秦德纯接替袁良为北平市市长，张我军任北平社会局秘书，实际上就是替市长办理对日本交涉的事务。当时侵华日军气焰嚣张、狂傲无礼，十分难缠，张我军受命于危难之际，运用他明晰的理智和娴熟的日语，有时与日方反复周旋，有时则正面交锋。

"七七事变"之后，大批台湾人来到北平，在沦陷区艰难生活，并有自己的社区。他们想为故乡而战，却不能承认故乡。张我军除去任北京大学工学院日本文学系教授外，不担任伪官职。他在北平的台湾人圈子里很活跃，与连震东、洪炎秋、苏芗雨，被合称为"台湾四人帮"，也是当时北平抗日的重要言论力量。在中国抗战时期的沦陷区北平，有被称为"台湾三剑客"的作家，他们分别是张深切、张我军和洪炎秋。其中张我军偶有涉笔，少有创作，被人称为是"抵抗意识"最强的一位作家。当年一个日本学者曾在《非常时期的日本文坛史》中记载一个场景，最能说明问题："一行人当中，只有张我军一个人扭过脸去，不向皇官鞠躬哈腰，给我的印象很深。此人日本语讲得非常漂亮，也曾担任过翻译，但是像一个不好对付的人。"这段记录，可以看到张我军在那么险恶的处境下，仍敢于公开流露出对异族统治者强烈的对抗情绪，坚持民族自尊而不肯俯首低头。沦陷时期，36 岁的张我军曾为友人送别作旧体诗一首，诗中痛感时事与乡思乡愁，明显可寻："仆仆燕尘里，韶光逝水流。逢君如隔世，携手共登楼。痛饮千杯酒，难消一载愁。他日归去后，极目故园秋。"

张我军还在北平拜访过鲁迅，并且向鲁迅表示中国人似乎都忘记台湾了，谁也不大提起它。这段话显然刺痛了鲁迅，令他难以忘怀："我当时就像受了创痛似的，有点苦楚，但口上却道：不，那倒不至于的，只因为该国太破烂，内忧外患，自顾不暇了，所以只能将台湾这些事情暂且放下。"1927 年夏天，鲁迅在《写在"劳动问题"之前》中记载了张我军的来访和上述对话，还特意指出，"但正在困苦中的台湾的青年，却并不将中国的事情暂且放下。他们常希望中国革命的成功，赞助中国的改革，总想尽此力，于中国的现在和将来有所裨益"。

讨伐旧文学、旧道德　甘做台湾文学的清道夫

经过新文化运动洗礼后的张我军，痛感摧毁旧制度、旧思想、旧

文化的必要。1924年10月，他回到台湾任《台湾民报》汉文编辑。以笔为武器，开始了对旧文学、旧道德的讨伐。由此引发了一场新旧文学的论战，为台湾新文学的诞生和发展扫除了障碍，因而获得了"台湾文学清道夫"的美称。

张我军陆续在《台湾民报》发表了《糟糕的台湾文学界》、《为台湾文学界一哭》、《请合理拆下这座败草丛中的破旧殿堂》、《绝无仅有的击钵吟的意义》等一系列文章，猛烈抨击当时依附于殖民当局，维护封建传统，专写古体汉诗，酬唱成风的旧文学界。嬉笑怒骂，如匕首投枪，将台湾旧文学阵营搅得七零八落、溃不成军。他以决绝的姿态表示，为要"从根本上扫除清扫""台湾的文学"，他愿"站在文学道上当个清道夫"，呼吁台湾把"陈腐颓丧的文学界洗刷一新"；针对台湾文界的击钵吟，抨击旧诗人如守墓之犬，在那时守着几百年以前的古典主义之墓。他揭开旧文学的面罩，层层剥批旧诗界带来的种种危害和弊端，认为最严重的毒害是让青年养成了"偷懒好名的恶习"，因此他在《致台湾青年的一封信》中呼吁台湾青年以"团结、毅力、牺牲"为武器改造台湾的旧文化，并向青年发出警告，"诸君若长此以往，后来触于突发的事，或是激于义气，想出来协力改造社会也就无从改造了"。张我军以摧枯拉朽之势加速了基本上沦为殖民者强权附庸的旧文学的灭亡，从而为新文学的登场铺平了道路。

在新旧文学论战中，再次掀起了介绍中国新文学的热潮。张我军在《台湾民报》第3卷6期上发表了《文学革命运动以来》一文，介绍五四新文学革命，并将胡适《五十年来中国之文学》的一节全文转载。张我军将内地的优秀作品、理论介绍到台湾。他对台湾的新文学作了定向和定位。他较为准确地阐释了台湾新文学与祖国内地文学之间的血缘关系："台湾的文学乃中国文学的一支流，本流发生的什么影响、变迁，则支流也自然而然的随之影响、变迁，这是必然的道理。"

张我军始终反对运用方言于白话文写作，曾指出："我们日常所用的话，十分差不多占九分没有相当的文字。那是因为我们的话是土话，是没有文字的下级话，是大多数占了不合理的话啦。所以没有文学的价值，已是无可疑的了。"事实证明：张我军是台湾新文学运动的一位关键性人物，他将五四文学火种引入台湾，与日本奴役下的台湾旧文坛激烈交战；他最早明确指出台湾新文学与祖国大陆新文学的支流与主流关系，并且从文化归属与统一的角度提出台湾语言建设的主张．无论在理论倡导还是创作实践方面，他都是一位当之无愧的先驱者。作家龙瑛宗赞誉张我军为"高举五四火把回台的先觉者"。

在批判、摧毁台湾旧文学的过程中，张我军也着手新的文学理论的建设。在《文学革命运动以来》、《诗体的解放》、《新文学运动的意义》、《文艺上的诸主义》等文章中，他对台湾新文学运动的一系列问题如：台湾新文学的属性，文学的内容与形式，语言建设，东西文化的关系等作了比较深入和细致的阐述。他的主张紧密地结合台湾文坛的实际，着力解决具体问题，从而使新文学理论显示出强大的生命力，推动了台湾新文学创作的发生与发展。

致力于新文学　成就巨大

张我军文学的主要成就在于评论战及新诗创作和小说创作。

他关于新文学理论的贡献主要表现在以下五个方面：第一，对旧文学的批判。第二，关于文学的内容与形式。第三，对待台湾新文学与祖国大陆新文学的关系。第四，关于东西方文化的关系。第五，关于"国语"与"方言"的关系。

张我军的诗作曾结集出版，名为《乱都之恋》，这是台湾新文学史上的第一部新诗集。至于张我军的小说，虽是其文学创作的副产品，但在台湾新文学的草创期中，实具有不可忽视的代表意义。其小说语言，不用台湾方言，完全以中国白话文来创作，以后并影响了郑登山、廖汉臣及朱点人等人，与赖和、郭秋生的台湾语文流派不同，也与杨云萍诸人带有日本风味的白话文流派截然有别，是草创期中小说语言的"三大派别"之一。

张我军1955年逝世后，至20世纪70年代，台湾的一些文化工作者，为倡导乡土文学，反驳台湾当局推行文化专制，抹杀台湾本土文学早已存在的事实，张我军和其他一些台湾老作家的作品，才像"出土文物"似的重返人间。

1997年，台北县政府"为乡里人杰塑像"，在其母校板桥国小立张我军石像，表彰他对台湾新文学运动的贡献。2006年5月4日，台湾中国国民党党史馆举行"五四新文化运动纪念活动"，在党部大厅展出"五四名人书札"，并悬挂五四名人胡适、张我军的巨幅照片。

莫那鲁道 台湾赛德克族的抗日英雄

莫那鲁道（1882—1930 年），为台湾赛德克族马赫坡社（Mehebu）部落头目，马赫坡首领鲁道巴伊（Rudao Bai）的长子。体躯强壮，以骁武善战闻名，为赛德克族重要部落头目之一。

台湾雾社起义的领袖莫那鲁道
（中）

反抗日本殖民统治 由来已久

1910 年时，台湾赛德克族钵仔伦、荷戈、束库、陶渣、托洛克等诸社就伺机要反抗日本，但尚未行动就被日本察觉而有 50 多人遭到捕杀，莫那鲁道因为被日本邀请赴日参观而未参与起事。1920 年，色拉马欧社（Salamao）起事抗日，莫那鲁道打算参加而被日本列为"不良蕃"，长期受日本人监视。1924 年，埔里大拜拜，很多山地警察都去参加，雾社几个社想要借机起义抗日，但是最后因为种种原因而放弃。由此可知，1930 年的雾社事件是延续先前的抗日行动，并不是突然发生的。

日本人为了要将雾社建设为示范部落，就利用原住民从事各种建设工作，劳役工作未能配合原住民种植小米或打猎的时间，原住民的经济活动因而受到妨碍。日本人又刻意付给原住民偏低的工资，1930年雾社事件之前，平地汉人一天的工资是 60 钱，原住民则是 40 钱，雾社的原住民只有 20 到 30 钱。日本人又故意到和日本人敌意很深的马赫坡社后山"西仔希克"去采伐建筑用材，"西仔希克"是马赫坡社的狩猎地，也是雾社族群祖先发源的圣地。这件事对马赫坡社的打击很大，使他们对日本人产生仇恨心理。

另外，原住民妇女和日本人之间曾经发生一些问题。日本人在统治台湾的五十年当中，很少和台湾人结婚，不过，日本政府却鼓励驻在山地的日本警察和原住民领袖的女儿结婚。这样，可以让日本警察安心住在山地，同时，和原住民领袖结成姻亲，可以加强对原住民的控制。但是，日本警察对原住民妇女常常有始乱终弃的情形，例如，莫那鲁道的妹妹特娃斯鲁道嫁给日本警察近藤仪三郎，后来近藤被调往花莲，最后竟然失踪，特娃斯鲁道只好再回到雾社，莫那鲁道因此深恨日本人。还有赛德克族妇女被骗往日本沦为娼妓的事情发生，造成原住民的不满。有一位巡查吉村克己曾玩弄多位原住民妇女，还冒犯了马赫坡的妇女，更加深莫那鲁道的仇恨。1930 年 10 月初，马赫坡社正举行婚礼，杀猪宰羊设宴欢饮，吉村克己路过时，莫那鲁道长子塔达欧莫那招呼他饮酒，吉村却以塔达欧莫那满手兽血而将酒杯打掉，双方因而发生斗殴。事后莫那鲁道曾前往驻在所向吉村赔礼，吉村不肯接受，双方对立的情况又加深。

毅然决定起义　状极惨烈

以上种种的长愁短恨，终于促使雾社的赛德克族人决定起义。经过紧张的准备，他们把起义时间定在 10 月 27 日。这一天是日本统治台湾期间的北白川宫能久亲王遭受义军重创死亡的日子。日本殖民当局把这天定为"台湾神社祭日"。雾社的小学每年都要举行运动会，日籍官员、家长及附近日本人都会参加。

1930 年 10 月 27 日上午 8 点，运动会开幕，小学生及其家长被迫唱起日本国歌。当日本国歌《君之代》唱到一半时，一个起义战士冲入会场，举刀砍下了台中州"理蕃"课顾问管里正卫的头。会场立刻大乱。当日本人惊慌失措之时，埋伏在学校四周的起义战士一齐杀入会场，见日本人就砍，霎时刀光剑影，在场所有的日本人都被砍倒。

其实，起义早在凌晨两点多就已开始。参加起义的有马赫坡、钵仔伦、荷戈、塔逻湾、罗得夫、束库等六社的 1200 余人，其他各社也有部分群众参加，马赫坡社首领莫那鲁道成为这次武装起义的领导人。他们组织了青年和老年两支队伍。凌晨时分，各队摸黑袭击了附近的警察所，切断了电话线，破坏了铁路交通。莫那鲁道长子率众袭击马赫坡林场，杀死日警吉村和冈田；次子巴沙奥袭击马赫坡警察所，杀死日警杉浦，夺取了粮食和武器。接着，在莫那鲁道的指挥下，各起义队伍迅速攻占了荷戈、钵仔伦等地的警察所。经过一天的战斗，起义者扫荡了 12 个警察所，杀死日寇 137 人，砍伤 18 人，缴获了 180 支步枪和 1 挺机关枪，还有 2.3 万发子弹和大批粮食。

殖民当局得到起义消息后，立即倾巢出动。日军司令部、守备司令部的头子亲自出马，调来了台中驻屯军、台北步兵、台南步兵、基隆重炮兵队、花莲港宪兵队和屏东飞行队，共 1000 多人，加上各地日警 5000 多人，对人口仅 2000 多人的雾社进行扫荡。[①] 当天晚上，飞机在雾社上空狂轰滥炸。遭到起义战士强烈抵抗，直到 30 日，才进占雾社村庄。进村后，日寇开始烧杀抢掠。然后，他们用山炮猛轰半天，把村庄全部摧毁。更为狠毒的是，日寇竟对雾社山区施放毒气弹，许多起义战士被毒死。山林谷地毒气熏天，到处尸首累累。事隔半年之久，人们仍不能进山。

起义战士面对凶残的敌人毫不畏惧。他们用竹枪、大刀和从敌人手中夺过来的少量步枪，与数倍于自己的、拥有先进装备的强敌血战一个多月，共杀敌 4000 余人。在激烈的战斗中，不少高山族妇女，为了激励丈夫和儿子勇往直前，她们不惜悬梁自尽。在敌人大炮、毒气的轰击下，起义者抱定战死的决心，拒绝了敌人的劝降。莫那鲁道他们退到马赫坡后面的洞穴之后，日军用炸弹炸不到那个洞穴，但是他们实在没有办法反抗，最后就全部自杀。莫那鲁道看到大势已去，在山上洞穴自杀了。他的尸体没有完全腐化，有一半变成木乃伊，后送交台湾大学当作馆藏。1973 年迎回雾社于樱台安葬。

由于日寇的血腥镇压，雾社的 6 个起义村社共有 700 多人牺牲，占总人口的 58%。日寇对幸存者采取了新的屠杀手段。他们在雾社几个村庄抓捕了十多名部落首领，诬蔑他们是起义的主谋，监禁于警察局，后用铁丝绑住双手，用刺刀杀害后偷偷埋掉。接着，日寇以"保护"为名，强迫幸存的 561 名群众迁往川中岛（现清流乡）。日警强迫 15 岁以上的人去参加所谓"和解典礼"，但他们一去就再也没有回来。当时的川中岛疟疾蔓延，留在川中岛的寡妇和孤儿，不少都死于疾病。这就是日寇实施的斩尽杀绝的第二次"雾社事件"。

---

①当时为了造成赛德克族彼此的敌对，日本人鼓励他们出草，定出奖金以奖励亲日部落去杀害起事的那些部落，杀掉头目可得 200 日币，杀壮丁得 100 元，杀妇女得 30 元，这是非常残酷的。

碧血英风 永为后人传诵

　　雾社起义是台湾人民反抗日本殖民统治和压榨政策的一次大爆发。雾社起义的枪声震惊了台湾，也震惊了日本，它宣告了日本殖民统治者对原住民"理蕃"、"日化"政策的破产，标志着台湾少数民族同胞民族意识的觉醒。雾社起义也向世人宣告，即使当时台湾已沦陷了 35 年，但台湾人民反抗日本统治的斗争一直没有停止。

　　85 年过去了，台湾少数民族同胞浴血抗日的英雄壮举，至今仍被后人传诵。如今，烈士们的英灵已化作了不朽的山魂，萦绕在雾社这片浸透着血与泪的土地上。现在，雾社已重建为"大同村"，成为台湾省重要的文史遗迹之一。为纪念雾社起义者的英雄业绩，1953 年，台湾人民建起"碧血英风"纪念碑，供后人凭吊。

赖和 台湾文学的"奶母"

赖和（1894—1943年），原名赖河，字懒云，笔名甫三、安都生等。台湾彰化人。赖和除行医外，并从事抗日活动与文学创作，是台湾新文学的奠基人，被誉为台湾新文学之父。先后发表一系列散文新诗和白话小说，如《斗闹热》、《一杆"秤仔"》、《惹事》等，均收在《赖和先生全集》之中。他的作品对台湾五四以后的一代乡土作家产生了深刻

赖和

的影响，而赖和则成为台湾新文学运动的先驱，被誉为台湾文学的"奶母"。

医德高尚　与人民息息相通

赖和号称"诗医"。1916年，赖和在家乡彰化开设赖和医院，到处行医济世，不论是什么病他都愿意替病人治疗。因此，许多人的性命都因为赖和的有医无类之精神给保住。但是毕竟本职是个医生，所

以需要靠行医来赚钱。可是穷困人家付不起医药费，赖和却只拿出一本账本上面记着"某某先生，某月某日因某病，某药几两……费用某元"，所以很多穷困人家都很感激赖和。因为他并没有要他们马上付出医药费，而是可以赊账。但是，每年过节的时候赖和都会将账本给烧掉。若是有穷困人家要来还债，赖和都会一概拒绝，也否认曾经有将这些费用记载在账本上。

赖和以其崇高的医德与人民息息相通，赢得了广泛的崇敬。他医术高明，却平易近人，尤其对那些贫苦百姓，经常减免医疗费，有时连诊费也不收取，甚至赠送昂贵药材。先生的身后，留下了 1 万余元的债务。因此彰化市民尊称赖和为"华佗再世"、"彰化妈祖"与"和仔仙"。

掀起台湾新文学运动　为台湾新文学撒下第一粒种籽

由于深受当时祖国大陆新文化运动的影响，赖和认为文学是有重要作用的，应该属于人民。五四运动爆发后，他立即从厦门返台，和黄朝琴、张我军一起在台湾掀起了新文学运动。

1921 年，赖和加入"台湾文化协会"，并当选为理事。1925 年，赖和为呼应白话文写作，发表了处女作散文《无题》，被誉为"台湾新文学运动以来头一篇可纪念的散文"。1926 年，赖和在《台湾民报》上发表了新文学运动以来最早用白话文写作的第一篇小说《斗闹热》，从此进入了创作的旺盛期。1930 年，他和许乃昌、黄呈聪等人创办了《现代生活》。1932 年，他和陈虚若、黄周一起主持《台湾民报》、《台湾新民报》的"学艺栏"，并担任《南音》、《台湾新文学》的编辑，培养和提携后起之秀。1934 年，张深切、张星建等多位台湾作家筹组成立第一个全台湾的文艺团体"台湾文艺联盟"，赖和被公推为委员长。

新文学运动的浪潮把赖和推为无可争议的台湾文坛领袖，他的一生，为提倡白话文写作和推动新文学运动起了极大的作用。有人说，台湾新文学由赖和"打下第一锄，撒下第一粒种籽"。

文学成就斐然　思想内容深刻

赖和留给人们宝贵的文学财富，包括小说、散文、诗歌和评论等。赖和的新诗《流离曲》、《觉悟下的牺牲：寄二林的同志》、《南国哀歌》、《种田人》、《可怜的乞妇》、《农民谣》、《农民叹》、《冬到新谷收》等作品脍炙人口，内容深刻。其诗作《南国哀歌》悼念雾社事件起义的抗日同胞，是台湾日治时期台湾新文学最长的一首诗。

赖和的文学作品中，以小说成就最高，作品充满着写实主义的风格，以"旧社会习俗的败坏、被屈辱的人民以及弱者的奋斗"为主题，洋溢着民族情感与人道主义，被誉为"台湾文学之父"。主要知名小说有《一杆"称仔"》、《不如意的过年》、《善讼的人的故事》、《浪漫外纪》等。他用朴实的文笔把日据时期血淋淋的社会现实剥露在人们面前，唤起被压迫的弱者奋斗的意志。由于职业方面的原因，赖和跟当地下层人民接触较多，因而对社会的黑暗和百姓的痛苦描写得特别深刻。而且赖和长于讽刺和白描手法，善于运用台湾群众语言，作品中充满着浓厚的生活气息。

赖和的小说里，绝少宏伟壮观的生死拼搏，也没有什么雷霆万钧的豪言壮语，力量来自逼真的写实，直揭日据时代政治癌瘤的痛痒之处，这种看来"温和"的思想启蒙却有力地拨动着埋在人们心头的愤怒之火，其小说创作的深刻性也就在这里。

叶石涛在《光复前〈台湾文学全集〉总序》里将1920年开始的台湾新文学运动划分为"摇篮期"、"成熟期"和"战争期"，而赖和的创作活动几乎贯穿了上述三个时期。赖和的作品对台湾五四以后的一代乡土作家产生了深刻的影响。

积极投身抗日　民族意识坚定

赖和不仅是具有崇高医德的医生，更重要的是，他以平民作家的形象享誉台湾文坛，是为人民代言的作家。不仅如此，他还是站在时代前列的志士仁人，与台湾人民一起参加了反抗日本统治的斗争。他行医一生，身后家业如此萧条，除了经常少收费、免费治疗等原因外，更主要的原因是他把自己的钱财慷慨地资助了抗日斗争。他生活在人民中间，对台湾人民的苦难有深刻的了解，对台湾人民与日本侵略者的斗争感触也最深。赖和的民族意识非常坚定，这可以从两件事上表现出来：他一生永远只穿中国服装，从来不穿日本服装；他一生只用中文写作，宁可先用文言草就，然后改为白话，也决不肯用日文写作。他的小说既是他思想的真实反映，也是那个时代现实生活的真实写照。

由于反抗日本殖民统治，赖和曾两次入狱。1923 年 12 月 16 日，赖和因治警事件入狱，遭到羁押长达 20 多天，其间写下了多首诗歌，例如《出狱归家》写道："莽莽乾坤举目非，此生拼与世相违。谁知到处人争看，反似沙场战胜归。"1941 年，赖和再度被拘捕入狱，当时日本宪警违反常例，一直不告诉他被逮捕的理由。这次入狱事件对赖和的身心打击甚大，1943 年 1 月 31 日，赖和因为心脏病发在狱中过世，享年 50 岁。赖和去世后，受到了台湾人民的深深怀念和敬仰。

杨逵 文坛的老兵 压不扁的玫瑰花

杨逵（1905－1985 年），出生于台湾台南大目降（今台南县新化镇），为台湾有名的小说家。本名杨贵。笔名有伊东亮、公羊等，以杨逵为代表性笔名。

70 岁才用中文出版第一本小说的杨逵，确然可以称得上是"不屈的文学魂"，在他的众多作品中，我们都可以感受到强烈的反抗意识。虽然在字里行间，并未做反对的述论，但全篇作品中，则必然呈现出一股不肯屈服，不和日本统治阶层妥协的意识。

杨逵

耳闻目睹 走上文学道路

少年时期，在他就读公学校的期间，台湾发生了西来庵抗日事件，杨逵在家中亲眼目睹了日军为镇压革命运动的炮车，从家门前经过，这在他幼小的心灵里产生了强烈震动。待杨逵较大时，读了一本由日人所编写的《台湾匪志》，里头便包括此一事件的记载，看到日人丑化台湾历史的做法，使杨逵内心受到极大的冲击。他说："我决心走上文学道路，就是想以小说的形式来纠正被编造的'历史'，历来的抗日事件对我产生了莫大的影响。"

1924 年，带着身上仅有的 60 块钱，渡洋去日本求学。留日期间，他进入日本大学专门部文学艺能科夜间部就读，由于家境贫困，杨逵以半工半读的方式完成学业。在这段期间，杨逵做过许多工作，而这些实际的工作经历正是他小说创作的来源。1929 年，杨逵在台湾彰化巧遇赖和，而这成为了他文学的转折点。经由赖和的介绍他大量阅读了台湾本土文学的作品，使杨逵更深刻地领悟到文学运动对民族解放的重要性。在赖和的鼓励之下，杨逵开始了他的文学生涯。

成果丰硕　　影响巨大

杨逵 1932 年的代表作《送报夫》，获得东京《文学评论》第二奖（第一奖从缺），是台湾作家进入日本主流文坛的第一人（后有龙瑛宗）。文中主人公杨君思想水平的提高不是一步到位，而是在事实的教育下，以合情合理的必然逻辑发展下去的。在小说结构上，杨逵采用中国古典小说乃至说唱艺术的传统手法，具有鲜明的民族特色。《送报夫》以双线交织推进的结构方法，一是东京生活，一是通过回忆、书信来展示殖民统治下台湾人民的苦难生活。通过这两条线索的描写，将日本帝国主义对台湾同胞和本国劳动人民的压迫剥削，借一个完整的艺术构思串结起来。

《春光关不住》是杨逵在国民党监狱中创作的，这是他的第一篇中文短篇小说。小说写的是台湾光复前夕，日本侵略者强征学生兵服劳役，修筑工事。一个娃娃兵在水泥块下发现了一株玫瑰，他躲过日本军事教官的监视，把花带回营房，后又托人带给他的姐姐。这棵在水泥罅隙中生长的玫瑰，居然开出了艳丽的花朵。该作后来改名为《压不扁的玫瑰花》，被收入台湾初级中学语文课本。"压不扁的玫瑰花"象征着"日本军阀铁蹄下的台湾同胞的心"，象征着中华民族在艰苦卓绝的条件下顽强抗争直至获取胜利的宝贵战斗精神。小说借在水泥块下生长的一株玫瑰花，喻示了台湾新一代人民纯真而崇高的情怀，表现出强烈的爱国主义精神。

《模范村》中的"模范村"，可谓日本殖民者推行"共存共荣"的典范。然而在这个"共存共荣"的村里，有人因欠债被逼得走投无路；苛捐杂税压得人喘不过气来；还有因交不起房屋修缮费而投河自尽的，这就是广大穷苦百姓的"荣"！给予了日本侵略者以辛辣鲜明的政治讽刺。《模范村》勾勒出了台湾农村社会各阶层的生活形态和精神面貌，反映农民在殖民者和地主阶级的双重压迫下在死亡线上挣扎的凄惨命运，从而揭示了当时台湾农村不可调和的民族矛盾与阶级矛盾。作品将台湾同胞反帝和反封建的历史任务结合起来，将台湾与祖国大陆的命运紧密联系在一起，并满怀信心地预示了光明的未来，具有深刻的现实意义。

1937年的《鹅妈妈出嫁》的结构方法也是别具一格，它将两个相对独立的故事，通过"我"用所谓"共存共荣"的思想线索贯穿起来。小说共分九节，却不是两个故事各占几节，平分秋色，而是尽量避免平铺。

纵观杨逵的创造，不论是《送报夫》中凄惨阴郁故事里男主角的受侮辱、受损害的抗议，或是《鹅妈妈出嫁》的悲惨而又深具讽刺的笔触，或是《压不扁的玫瑰花》凄美的抗议，我们会发现，杨逵将坚定的理想主义与逼真的写实手法这一互为矛盾的因素融为一体，构成崭新的写实风格，形成他既有鲜明的民族性又不失个人独特艺术魅力的创作特色。在艺术形象的塑造上，杨逵立足于生活真实，注意细节描写，将人物性格的发展，思想的变化放在社会生活的实践运动中，使主人公的形象具有真实可信的立足点，增强了艺术感染力。

杨逵除了写小说，写随笔之外，他还写过几个剧本，其中《牛犁分家》这个剧本充分地表现出杨逵对土地、人民、社会、国家的真挚情感，甚至坚实地表达了希望中国同胞团结合作，重整家园的迫切殷望。除此之外，他还有《剿天狗》、《猪哥伯仔》等剧本。杨逵除了这些以外，他还写诗。

坐牢八载　坚决抗日

杨逵 1924 年前往日本，在日本半工半读时期，正值日本劳工运动和学生运动蓬勃之时，杨逵曾参加反田中义一内阁的游行活动。1927年，杨逵加入了台湾留学日本的政治组织"社会科学研究部"，并在同年因为参加朝鲜人反日的演说会，首次入狱。出狱后，响应台湾农民组合的活动，返回台湾。

返台之后的杨逵，并没有停下他的脚步，积极参加台湾农民组合、台湾文化协会的活动。1928 年，杨逵当选台湾农民组合中央委员，同时也加入"特别行动队"，负责了政治、组织、教育等工作，曾任中央常务委员兼教育部长。杨逵还曾担任"台湾文化协会"中央委员，在台湾同胞自己组成的"台湾文艺联盟"中担任编委。1935 年，杨逵创办了《台湾新文学》月刊，由于登载不少抗日文学，到 1937 年该刊遭禁。杨逵同时还是《台湾文学》、《中国文学丛刊》的主编，为台湾新文学的发展做出了不可磨灭的贡献。其间，杨逵数度被捕，从不屈服。据统计，杨逵在日本殖民统治时期，共坐牢八年之久。

杨逵的作品中一直表现强烈的爱民、爱国意识，对于抗日运动，有着极深的影响。最后一次出狱，杨逵即归而务农，经营"首阳农场"，其"首阳"两字乃取自伯夷、叔齐饿死首阳山之义，以示绝不向入侵的统治者屈服的精神，爱国情操令人感叹。

勤耕不辍　斗志永在

　　台湾光复后杨逵仍不灭其斗志，对于国民党来台后所产生的乱象总是大胆直接的批评。正因如此，1949年他撰写一篇一千字不到的《和平宣言》登载于上海的《大公报》上，触怒了当时的省主席陈诚，被判了12年的牢狱，送至绿岛服刑。对于此事，杨逵说："我领过世上最高的稿费，我只写了一篇数百字的文章，就可吃十余年免费的饭。"

　　牢狱之灾结束后，杨逵在东海大学附近买了一块荒地，并开拓成"东海花园"，于此隐居。在70年代末期，担任美丽岛杂志的顾问。在发生美丽岛事件的前后期间，朋友曾警告他要小心自己的安危，然而，他仍不改他坚持抗拒强权的精神回答说："我已经很老了！要关我也关不了几年了！"1985年3月12日，杨逵在台中去世，享年80岁，与一生相守的伴侣叶陶合葬东海花园。

坎坷一生　历史写照

　　杨逵的一生，不只是一个文学作家，更是农民运动与文化运动的战将。历经政治迫害，被捕入狱十余次，"在冰山下活过70年"，始终坚持理念，从不屈服，如一朵压不扁的玫瑰，令人敬佩。文学上反对"吟风弄月"、"无病呻吟"，强调文学应有"控诉精神"，充满昂扬的民族意识和抗争精神。在他的身上充分体现了中国人民压不垮、打不倒的硬汉精神。

　　杨逵最大的精神所在是他永不灰心、永不失望，他曾自喻为愚公，愿像愚公一样地流血流汗，努力垦殖。杨逵也说：他过了70年的冰山生活，自信能源仍在其身心，永不怀疑春阳即将到来。杨逵的一生，正是台湾人民历史的真实写照。

刘永福 义胆忠心的爱国英雄

刘永福（1837—1917年），字渊亭，本名义，生于广东钦州，史书称其钦州人。因自幼随父迁居广西上思，故又有上思人之说。雇工出身，原为广西天地会领袖，1865年起义失败，受清政府镇压，率300人出镇南关（今友谊关），在中越边境保胜一带，开辟山林，聚众耕牧，号"黑旗军"。刘永福"胆气过人，重信爱士，故所部皆死力之"。刘永福率黑旗军驻越南

刘永福

20余年，与越南人民建立了深厚的友谊。中法战争时，帮助越南政府抗击法国侵略军，因成功抗击法国的侵略而名闻中外。

为温饱投军　初露锋芒

1837年（道光十七年）出生于广东钦州防城司古森峒小峰乡（今广西防城港市防城区扶隆乡小峰村）一个农民家庭。父亲除务农外，

41

靠蒸酒散卖和行船干杂活积攒下些微家业，勉强糊口。刘永福8岁时，父亲经营小生意破产，合家迁徙至广西上思州平福新圩八甲村，帮助堂兄弟种几亩薄地过活。不久，又迁柜口村，租种别人的几亩坡地。贫困的生活，使刘永福没有机会读书识字，13岁便外出做滩艇佣工，因为谙熟江河水情，被推举为带水的滩艇师。16岁那一年，父母和叔父在贫病之中先后死去，刘永福靠着父亲传授给他的一身武艺，在江湖上闯荡。

当时的中国社会，尖锐的阶级矛盾和沉重的民族压迫交织在一起，各地不断出现农民起义。特别是震惊世界的太平天国运动爆发后，广西地方官府时刻受到大大小小的天地会起义队伍的打击。1857年（咸丰七年），终日辛劳而不得温饱的刘永福投奔上思隆安地区的天地会旗头郑三，从此开始了他曲折而颇具传奇色彩的军事生涯。

刘永福从军之际，正值广西各地烽火四起，山堂林立。拉起的各种队伍性质十分复杂。有反清复明的天地会党，也有结寨自保的地主团练。为了求得安身之地，刘永福先后投效过几支农民队伍，并在这过程中逐渐聚集起部众200余人。1865年（同治四年）他率众来到广西安德，投奔势力最大的天地会武装吴亚忠部。

也就在这一年，刘永福率领所部在安德神庙祭旗建军，仿庙中悬挂的七星黑旗制成军旗，"黑旗军"由此初创。"黑旗军"是在壮族地区建立和发展起来的，其主力是壮族农民领袖吴凌云、吴亚忠所领导的壮族农民起义军余部。黑旗军的前营主将黄守忠、左营主将吴凤典等20多名大小将领，都是广西上思、宁明一带的壮族。

以退为进　移防中越边境

1867年，清朝军队趁着太平天国革命失败，农民起义走入低潮，调集兵力，前来"围剿"吴亚忠起义军。他们派遣凶悍善战的楚军为主力，装备洋枪洋炮，采取堡垒合围战术，步步为营，逐步推进到起义军坚守的根据地归顺城下。刘永福面对这险恶形势，知道死守城池绝非上策，遂借口率部赴波斗一带筹集军粮，与吴亚忠分道扬镳，转移到中越边境活动。

刘永福率黑旗军300人入越，暂时摆脱了清军的"围剿"，但受到盘踞当地的土霸盘文义的袭击。黑旗军火器鲜少，就设置孤枪阵（即竹签陷阱）伏击来犯之敌，又设计除掉了荼毒百姓的盘文义，从此声威大震，越南朝廷也授刘永福七品千户官职。两年以后，刘永福又在中越边境的保胜（今老街）一带，聚众耕牧，设卡抽税，建设起一块拥有25万人口，农商各业发达的根据地。刘永福曾选编福字前后两营，配合清军广西提督冯子材在北越"围剿"宿敌黄旗军黄崇英部，并于1870年接受冯送给的蓝翎功牌数枚，木质关防一颗。黑旗军与冯军协同作战一事，不但缓和了刘永福与清廷的矛盾，还为黑旗军的扩充创造了条件，许多流落越境的会党武装纷纷投奔刘永福麾下，黑旗军人数增至近2000人。

援越抗法　立不世之功

19世纪70年代初，已经占领了越南南部的法国殖民者又把魔爪伸向北方，企图打通红河交通线，进窥中国西南边疆。1873年9月，法国驻西贡总督杜白蕾派上尉安邺率"远征军"百余人北上，一路攻城掠镇，一月之间征服红河三角洲，11月15日占领河内城。越南政府急忙派信使驰赴保胜，请求刘永福出兵抗法。刘永福对法国殖民军抱有强烈义愤，接到邀请后，率黑旗军数百人翻越宣光大岭，星驰河内。12月，在黑旗军诱使下，骄狂的法军头目安邺率数十人出城追击，在河内城西二里处的纸桥遭到伏击，在近战肉搏中，法军大炮火枪发挥不了作用，死伤安邺以下法军 20 余人。

安邺毙命的消息传到西贡，法国殖民当局大为恐慌，提议与越南言和，并把安邺所占的河内和其他地方交还越南，从而推迟了法国殖民者占领越南北圻的计划。战后，越南朝廷任命刘永福为三宣副提督，驻防宣光、山西、兴化三省，控扼法军企图入侵中国的通道——红河上游。

1875 年（光绪元年），刘永福因配合清军"围剿"活动于越北的黄崇英、李扬才部武装，被清政府授予四品顶戴。两年后，他又向云南捐局捐纳游击衔，并领到执照。

1882 年 4 月，法国殖民者再度北侵。法交趾支那海军上校李维业（或译李威利）集兵 500 余人攻陷河内，次年 3 月占南定，北圻形势告急。5 月初，刘永福又接受了越南政府的请求，率黑旗军 2500 余人迅速南下。5 月 10 日，抵达河内郊外，誓师抗法。15 日，黑旗军黄守忠和杨著恩部 300 余人企图乘夜拔除由教士教民盘踞的河内教堂，未能成功，给刘永福带来深刻的教训。他看到河内壁固沟深，城外洋楼与江面兵舰相倚为守，而黑旗军枪不足 1000 支，其中 300 余支还是火绳土枪，绝大多数人仍然手持刀矛，围城和攻坚都难以收效，遂决定诱敌出城，利用野外有利地势，发挥黑旗军近战肉搏的特长，遏制法军枪炮的火力优势。19 日，被黑旗军的挑战书所激怒的李维业率法军400 余人直扑纸桥西区的杨著恩部阵地，受到隐蔽在关帝庙中、竹篱笆下和村落堡垒中的黑旗军的顽强阻击。不久杨著恩部佯败退回上安决村，引诱法军鱼贯过桥。这时，装备有快枪的黑旗军吴凤典部，快速穿过干涸的稻田，迂回包抄到法军侧后，冲乱了法军的战斗队形。刘永福乘机组织黑旗军各部三面夹攻，杀死李维业等法国殖民军数十人。法军残部逃回河内死守，人人惊恐万状，一夜间几次炸营，惊呼

44

黑旗军前来袭击。战后，越南朝廷授刘永福为三宣正提督。

法国殖民当局得知纸桥惨败消息，又派波滑将军为北圻陆军统帅，增兵至3000余人，并成立北圻舰队，由海军少将孤拔指挥。

1883年8月，波滑率法国侵略军1800余人，沿红河进犯黑旗军扼守的怀德，孤拔率海军炮艇攻打越南首都顺化，企图一举占领越南北圻。波滑部在怀德望乡附近，遭到了黑旗军的英勇抗击，损失惨重。法军趁雨决堤，水淹黑旗军阵地。刘永福指挥部队退扎丹凤。波滑经此挫败，知道自己现有兵力不足进取，请求增援炮艇和攻城炮队。

丹凤地处河内通往山西要冲，三面环江，利于法军炮艇近距离火力支援。9月1日，法国侵略军发动3000余人、炮艇10余艘，猛扑丹凤。刘永福派兵一路阻截陆路法军，一路依托红河堤岸，构筑简易工事，阻止法军炮艇靠岸。黑旗军坚守阵地3昼夜，打退法军无数次进攻，使其无法前进一步。然而在黑旗军将士浴血奋战的时候，越南国王病死，孤拔趁王室成员纷争不休，率领法国海军攻入顺化，威逼越南朝廷签订了《顺化条约》，并晓谕各地息兵。刘永福的军事斗争失去越南统治者的支持，自觉兵单力薄，难以独自支撑北圻抗法局面，决定退往战略要地山西，与屯兵北宁的清军主力成掎角之势。

此时，清廷为了"保藩固圉"，"代越守土"，在北宁集结了军队万余，但不希望立即与法军直接冲突。因此，抗法的中坚力量——黑旗军首先成为侵略者的眼中钉，必欲除之而后快。10月25日，孤拔就任法国远征军总司令，兵力增至9000余人。12月，孤拔按照其"先攻山西，再取北宁"的作战方针，率兵6000人，炮艇12艘，分水陆两路进攻山西。这时，驻山西的清军主将闻风先逃，刘永福独自负担起山西防御战的指挥重任，动员黑旗军3000余人，联合留下的5营清军，以竹筏阻塞河面，又沿岸修筑炮台，密排苯炮，以简陋的武器依托城垣及外围工事抗击法军，重点防守河堤。14日，法军以舰炮和机枪掩护步兵摧毁了扶沙要塞。刘永福命令黑旗军5个营秘密向法军侧后机动，突然出现在陆路法军及水面炮艇之间，配合堤岸守军夹击法军。双方激战很久，终因黑旗军迂回部队伤亡较大，被迫撤退。下午，法军迫近城北堤岸，黑旗军战士跳出工事与法军肉搏。经过一小时激战，法军以死伤士兵200人、军官22人的代价，夺取了堤岸阵地。

15日凌晨，刘永福派人偷袭法军，打算夺回堤岸阵地，但是当时月光皎洁，法军利用优势火力保住了阵地。黑旗军只得撤至山西外城，分段固守。16日，法军炮艇以桅炮悬击，配合陆炮轰塌西门城楼及全部防御工事，突入城内。刘永福指挥黑旗军依托市区建筑物步步阻击，于当晚退至兴化休整。黑旗军本以灵活机动的游击战术见长，刘永福曾对法军宣言："永福岂畏尔哉！尔占水，我占山。我有无穷之饷源，尔无久支之兵费。尔纵设立码头，我必频年兴兵，杀尔人，焚尔居，扰尔商政，使尔不得安枕。虽有红江之利，尔法国岂得及享哉？"[①] 可惜他在实战中并没有这样做。尤其是怀德、丹凤、山西等地，紧靠红河利于法军炮艇活动，黑旗军单纯采取固守城池的阵地战法，自难抵挡优势敌人的强攻。此外，山西一役，屯驻北宁的万余清军见危不救，给刘永福的心头留下难解之恨。

1884年年初，清朝云贵总督岑毓英率军万余抵家喻关，会见刘永福，将黑旗军正式扩编为12营，3000至4000人，称"福字营"，并陆续装备了刚输入中国的13响和17响连发枪。但是，清朝统治者只是把刘永福当成抗法的借用力量，实行"刘团战而官兵守"的错误方针，引起黑旗军的普遍不满。3月，刘永福奉命增援北宁清军，在涌球修筑"地营"（有被覆的野战掩体）10座，抗击法军，终因与北宁清军将领结怨太深，没有主动出击，挽救危局。北宁失陷后，清军相

① 中国近代史资料丛刊：《中法战争》第1册，第315页。

率溃奔，刘永福立脚不住，退守保胜。

8月，署理两广总督张之洞电奏清廷，提出了"牵敌以图越为上策，图越以用刘为实际"①的战略方针，建议由刘永福部黑旗军、唐景崧部粤军与岑毓英统领的滇军会合犄角，共同抗法。10月，法军收缩战线，退回宣光固守。西线清军则进围宣光，调动炮队，采用"滚草龙"战法，企图克复宣光，进而与东线清军会师，并力进攻北宁、河内。刘永福初时指挥黑旗军配合清军阻击出城反扑之敌，后来他看到钝兵攻坚，徒伤精锐，加上与滇军将领丁愧有矛盾，便自请出防左育，堵截顺江增援之敌。他在沿江两岸修筑地营炮台，用木船载石塞江，并在炮台附近和江边密布地雷、火箭，多次击退乘船增援宣光的法军。1885年2月，法军在东线得手后，抽调第一旅援助宣光。3月2日，分路进攻左育及对岸的同章阵地。黑旗军依托地营，引发地雷，一次又一次打退法军的冲锋。后来因为防守同章的黄守忠部被击溃，法军占领对岸高地，安设炮位，猛轰左育阵地。黑旗军伤亡近千人，被迫撤退。

3月23日，东线清军在老将冯子材的率领下，取得镇南关战役的胜利，并乘胜反攻，接连收复文渊、驱驴、谅山、屯梅等处。刘永福也在同一天进兵临洮，迭克被法军侵占的广威府、黄岗、屯鹤江等10余州县，取得了西线反攻的重大胜利。

1885年4月4日，中法签订停战协定。法国侵略者畏惧刘永福留在越南继续战斗，声言黑旗军一日不离越境，就一日不交还占据的澎湖岛。在清廷的逼诱下，刘永福于1885年8月率3000人入关，次年被委任为广东南澳镇总兵。黑旗军被裁减为5个营，不足1000人，最后竟只剩300人。

---

① 《清季外交史料》卷15。

抗日保台　　虽败犹荣

1894年4月，中日大战一触即发。清廷因台湾孤悬海外，防守薄弱，起用抗法名将刘永福帮办台湾军务。刘永福但为国家、民族存亡大局计，毅然撇下妻儿老小，调动2营黑旗旧部，并新招2营士兵，于8月初分乘"威靖"、"驾时"两艘军舰，起航赴台。

1895年4月，清军在战争中惨败，清廷被迫签订了丧权辱国的《马关条约》，把台湾全岛及所有附属岛屿割让给日本。消息传来，台湾人民悲愤交加。5月25日，台北丘逢甲等人成立"民主国"，推选巡抚唐景崧为总统、刘永福为民主将军，希望他们出来领导抗日保台斗争。可惜唐氏根本不想保卫台湾。6月3日，日本侵略军攻陷基隆，唐景崧即带领大小官吏和12营清军带着库银登船逃回厦门。

6月7日，日军占领台湾省城台北。面对强兵压境的危急局势，一直在台南积极筹饷御敌的刘永福，目睹清廷拱手让出祖国大好河山的投降行为，愤然抗旨，甘"冒违君之罪"，肩负起领导驻台清军和台湾义军抗击日寇的重任。28日，台南地方绅民继推刘永福为台湾民主国总统。刘坚辞不受，仍以"帮办"之职派人接替内渡文武官员职务。他首先动员台湾广大民众武装起来，团结各地自发兴起的抗日义军，在加强海防的同时，重点部署了以新竹、大甲溪、八卦山、曾文溪为防线的多层防御，以南北交通线为联系纽带，沿途河流、山岭为天然屏障，节节抗击南下的台北日军。并抽调黑旗军为机动部队，以便随时加强薄弱环节。

6月中旬，日军3100余人分东西两路合击新竹。义军按照刘永福的要求，在大科嵌山区和湖口镇附近山林中伏击日军，使其每前进一步，都要付出沉重的代价。22日，日寇以重炮轰击新竹县城，义军避

48

免死守硬拼、主动撤至山中。7月9日，义军分3路反攻新竹，因消息走漏，只杀伤日寇多人，未能攻克县城。义军将领杨紫云不幸中炮身死。

刘永福听说新竹失陷，杨紫云战死，又派吴彭年为前敌主将，率领黑旗军精锐七星队驰援前线，加强大甲溪防线。8月初，南下受阻的日军又增援了第二师团，分路向南推进。刘永福闻讯，急电前线守军，严防日寇由僻径渡大甲溪，包抄八卦山。22日，黑旗军和义军埋伏于大甲溪南岸，乘日军渡溪之际，发起猛攻。日寇纷纷落水，积尸盈溪。最后日军收买汉奸，从背后抄袭，大甲溪遂陷于敌手。

大甲溪防线的失守，严重危及台中重镇彰化的安全。刘永福任命吴彭年为主将，吴汤兴和徐骧为副将，分别扼守彰化城外的大肚溪和八卦山。日寇正面强攻大肚溪受阻后，绕道攻陷台中府城。8月27日，又集中兵力猛攻八卦山阵地。翌日晨，日寇以汉奸引路，沿小路爬上山顶。守军奋起肉搏，防守大肚溪的吴彭年也率七星队驰援，与之血战。此战，击毙日军近卫师团1000余人，义军吴汤兴、吴彭年等也大部分牺牲，只有徐骧率少数余部突围，退往台南。日军虽然攻陷了战略要地彰化，但因受到抗日军民的沉重打击，心怀畏惧，不敢孤军冒进，遂暂停南下，等待援军。

刘永福抓住这一时机，以黑旗军为前锋，抽调各路军队发动全线反攻，相继克复了云林、苗栗，一直打到彰化城下。但是台湾军民武器简陋，粮饷缺乏，久攻彰化不下。而清政府封锁台湾，断绝抗日军民的军械粮饷来源，刘永福几次派人到大陆要求接济，都遭到拒绝，更使得抗日事业处境艰难。

9月中旬，侵台日军增加到八九万人。日军组成"南进军司令部"，以兵力4万分三路进攻台南：一路自彰化经嘉义向台南推进，一路在嘉义西侧布袋咀登陆，沿海南趋；一路在枋寮登陆，向北进攻。

针对前线形势，刘永福赶到嘉义，部署防御，任命王德标和徐骧为前敌主将，死守嘉义。10 月 11 日，日军大举进攻，义军以地雷大量杀伤日军。次日，日军用重炮轰塌城门，义军与日军巷战肉搏，终因寡不敌众，弃守嘉义。

10 月 10 日、11 日，日军先后在布袋咀、枋寮登陆，夹攻台南府城。刘永福退入城内，眼看军中缺粮，部下溃散，自己回天无力，心中愁闷万分。19 日，日舰攻打安平炮台，刘永福亲自登台发炮还击。入夜，日军攻击益急，部将纷纷劝他内渡。刘永福见大势已去，仰天椎胸，呼号恸哭说："我何以报朝廷，何以对台民？"遂密乘英轮返回大陆。21 日，日军占领台南。

刘永福历经艰险，回到广州后，以兵折地失引咎自责，一再报请两广总督谭钟麟辞官归里。是年冬，刘永福卸甲解职，返归钦州老家。

时时为国　爱国之心永不灭

刘永福过了近两年的田园生活，但报国忧民之心不减。1897 年年底，德人借口"曹州教案"，强行租借胶东湾，俄、法、英、日更是争相仿效。谭钟麟也在这时电促刘永福出山，并同意他组建 4 营新黑旗军，驻于广州。1900 年，八国联军侵入北京，刘永福奉命北上勤王。队伍走到衡阳，又接到班师命令。1903 年，66 岁的刘永福以年迈和双脚患风湿病，3 次上书两广总督岑春煊，坚决要求辞职。

晚年的刘永福尽管赋闲在家，但从他的行为中，不难看出他对清王朝御侮保国的幻想已经破灭。他曾积极支持和掩护遭到清廷通缉的越南革命志士潘佩珠在广州活动。1911 年（宣统三年）辛亥革命爆发，广州军政府成立，刘永福以古稀高龄毅然出任民团总长，襄助革命党人消除对革命的各种潜在威胁。一个月以后，刘永福因身体不好而辞职。1913年又回到故乡钦州家中，这时他已是耄耋之年的老人了，爱国热情犹不减当年。1915年，他得知袁世凯默许日本提出的"二十一条"的消息，拍案而起，通电全国，请缨杀敌。

1917年1月，刘永福病逝于家乡。弥留之际，仍叮嘱亲属旧部继承他反帝爱国的意愿，努力报效国家。

刘永福临终遗言：

> 予起迹田间，出治军旅，一生唯以忠君爱国为本。无论事越事清，皆本此赤心，以图报称。故临阵不畏死，居官不要钱，虽幸战绩颇著，上邀国恩，中越均授以提督之职，居武臣极地，亦可谓荣矣。然予心惕惕，终不以官爵为荣，只知捍卫社稷，不使外洋欺我中国为责任。此身虽老，热血常存。现今国事日危，外强虎视，若中政府不早定大计，任选贤将，练兵筹饷，振起纲维，各省督军不知和衷共济，竭力为国，以救危亡，因循坐误，内乱交作，蛮夷野性，必乘机入寇，割据瓜分，亡国奴隶，知所不免。吾今已矣，行将就木，恨不能起而再统师干，削平丑类，以强祖国。儿曹均已成立，各宜发奋为雄，抱定强种主义，投军报效，以竟予未了之志。倘为国用，自宜竭力驰驱，不惜以铁血铸山河，强大种族，以期臻于五大洲最强美之国。若不能见用于时，亦宜将余之遗嘱，遍告当轴名公，求其人告大总统，务以尊贤任能为急务。远小人，贱货色，严边防，慎取舍，旁求山林逸才，延揽智谋健将；惜民力以裕财源，养民气以威夷狄；集群策群力，以鞭笞天下，则天下之尚力者，自然入我范围而不敢抗。如是，则国基巩固，国势富强，吾虽死，九泉之下，亦将额首而颂太和。

许地山 走出书斋奋勇参加抗日活动的作家

许地山（1894—1941年），名赞堃，字地山，笔名落华生（在古文中，"华"同"花"），是中国现代小说家、散文家、五四时期新文学运动先驱者之一，在梵文、宗教方面亦有丰富的研究成果。

许地山

出身爱国家庭　投身反帝反封建斗争

1894年2月14日，许地山生于台湾台南府城内家宅"窥园"（今台南市太华宫所在地），是家中第四子。他的祖先在明朝嘉靖年间（1522—1566年）由广东省揭阳县桃围乡许厝（今汕头机场所在地）迁居台南府。到清朝末年，许家已在台湾繁衍了十余代。

许地山的父亲许南英是个富有爱国思想的知识分子，1855年（咸丰五年、农历乙卯年）出生于台湾台南。清光绪五年（1879年）中秀才，十一年（1885 年）中举人，十六年（1890 年）中恩科进士，在当时也是知名诗人。1895 年日本侵略军进攻台湾时，许南英正在台湾通志总局协修《台湾通志》，并任台南孔庙乐局主事。"台湾民主国"成立前后，受命率兵抗日。"民主国"失败后，唐景崧、丘逢甲、刘永福等人先后内渡。在日军进入台南前一天，许南英不得已由部属护送至安平，然后乘船渡过海峡回归祖国大陆。

行前，许南英将家中全部浮财约银 5 万两作为军饷分给部属，田产则分赠亲属。因此全家到达厦门时已无余银，衣食无着，全靠揭阳同宗接济才得以立足。后落籍于福建省龙溪县（今漳州市）。以后许南英虽又入仕途，在清朝做过几任县令，入民国后也任过龙溪县知事，但不久去职。家中因无积蓄，陷入窘境。日本侵略者初入台南时曾悬像缉拿许南英，但不久就改变策略，以给官职、发还财产为诱饵劝他回台湾。但是他不为所动，在诗中说"他生或者来观化，今生不愿作遗民"，拒绝了日本侵略者的劝诱。他在民国五年（1916 年）62 岁时，为了赚取润笔，到苏门答腊岛棉兰城为侨领张鸿南写传。1918 年因病在棉兰逝世，终年 64 岁，遗有诗集《窥园留草》一卷。

1913 年，许地山受聘到缅甸仰光华侨创办的中华学校任职。两年的海外生活，使他的思想受到一定影响。后来，他创作的不少作品都取材于此。1915 年 12 月，许地山回国，住在漳州大岸顶（今苍园街一带），后在漳州华英中学任教。1917 年，他重回省立二师，并兼任附小主事（校长）。

1917 年暑假，许地山以优异成绩考入燕京大学文学院及宗教学院，学习多种外文和方言。并经常和瞿秋白、郑振铎、耿济之等人在一起谈论时政，寻求真理，探索改造社会、振兴中华的道路。他们在北京青年会图书馆编辑《新社会旬刊》及后续的《人道》杂志，宣传进步思想，发表新文学作品。当五四运动爆发时，许地山作为学生代表经常上街演讲，积极投身反帝反封建斗争。后来，许地山以落华生为笔名在新文学刊物《小说月报》上发表了第一篇小说《命命鸟》，写了一对缅甸青年男女在封建礼教桎梏束缚下的爱情悲剧，在读者中引起强烈共鸣。从此，许地山开始了文学创作生涯。

走上文学之路　成绩有口皆碑

1922 年 1 月，当时中国最大的文学团体"文学研究会"成立，许地山是 12 个发起人之一。2 月，许地山在《小说月报》上发表短篇小说《缀网劳蛛》，这是他早期的代表作。小说反映了作者对吃人的封建礼教的愤懑并给予深刻批判，充分显示五四时期新文学反帝反封建的民主主义精神。

1922 年 8 月，许地山到美国哥伦比亚大学研究院哲学系学习，1924 年获文学硕士学位，并以"研究生"资格进入英国牛津大学曼斯菲尔学院研究宗教史、印度哲学、梵文、人类学及民俗学。1926 年在归国途中及 1934 年两次到印度学习梵文和印度哲学，并拜会了泰戈尔。

1921 年到 1926 年是许地山创作的第一次高潮时期。这期间，他的 12 篇短篇小说结集为《缀网劳蛛》；44 篇散文小品，以《空山灵雨》为书名由商务印书馆结集出版。脍炙人口的《落花生》，以童年漳州生活为背景，明确主张做人要"像花生，因为它是有用的，不是伟大、好看的东西"。

1927 年许地山学成回国后，在燕京大学文学院及宗教学院任教。与此同时，许地山还写了不少研究宗教的著作。如《大藏经索引》、《道教思想与道教》、《中国道教史》（上卷）、《云笈七签校异》、《摩尼之二宗三际论》等，并着手编纂《道教辞典》。其学术成就，学界有口皆碑。

投身抗日救亡运动　　坚持抗战　反对投降

抗战期间，许地山作为一名热爱祖国的作家，奔走呼号，声讨日寇罪行。因反对燕京大学教务长司徒雷登对中国文化的态度，许地山被司徒雷登解聘，经胡适推荐，于1935年来到香港，应香港大学之邀主持中国文史学系。许地山到任后，对文科进行大刀阔斧的改革，将课程分为文学、史学、哲学三组，并革新课程内容，使之更充实和现代化。他主持中国文史学系后，该系面貌焕然一新。许地山还积极从事社会教育和文化活动，先后发起和组织了"香港新文学学会"、"中国文化协会"，担任过"香港中英文化协会"主席、"新文字会"理事及"香港中小学教员暑期讨论班"主任委员等职务，并兼"广东丛书编印委员会"、"中国教育电影协会香港分会"常务理事，脚踏实地地做了大量工作，对香港的文化教育事业做出了不少贡献，对推动当地新文化的发展起了重要作用。

1937年"七七"卢沟桥事变爆发，许地山义无反顾地投身到抗日救亡运动之中。他走出书斋，奔波于香港、九龙、新界，在群众集会上发表演讲，帮助流亡青年补习文化课，在报刊上发表《造成伟大民族的条件》、《国庆日所立的愿望》、《七七感言》、《中国思想中对战争的态度》等杂文，宣传抗战、民主，反对投降、独裁。他写了长篇论文《国粹与国学》，在当时影响很大。他还写了抗日小说《铁鱼的鳃》。《铁鱼的鳃》以抗日战争为背景，描写一位胸怀救国大志的兵工专家在国民党统治之下献身无路、报国无门的故事。许地山通过主人公的口喊出了人民要求坚持抗战的意志，表达了坚强的民族自信心："越逃，灾难越发随在后头；若回转去，站住了，什么东西都可以抵挡得住！"许地山认清了争民主和反侵略的相互依存关系，坚信中华民族只有将民族革命和民主革命进行到底，才能求得自身的解放，只有在这个斗争的熔炉中，才能锻炼出全新的民族性格。作品受到文艺界的极大好评，被认为是"中国小说界不可多得的作品"。1938 年，许地山为港大女学生会的演出写了剧本《女国士》，内容是薛仁贵妻柳氏劝夫从军杀敌的故事。虽未直接说及抗日，但鼓励中国青年人投入抗日武装斗争的意图非常明显。此外，许地山还写了许多有关抗日的文章。

在上海沦入日寇铁蹄之下时，著名作家郑振铎冒险收藏了 3300 多本明、清时代的刊本、抄本，打算转移到香港。许地山得知后，为了中华民族的文化遗产不被敌人掠走，毅然答应帮助寄存。

1938 年 3 月，"中华全国文艺界抗敌协会"在汉口成立，郭沫若、茅盾、巴金、夏衍、许地山等 45 人当选为理事。上海、武汉、广州相继沦陷后，国内一部分作家来到香港。1939 年 3 月，"中华全国文艺界协会香港分会"成立①，1940 年正式选举许地山、楼适夷、胡乔木、戴望舒等为该会理事，许地山任常务理事兼总务，主持对外联络特别是与港英当局的交涉工作。许地山还参加和主持了许多由"中华全国文艺界协会香港分会"主办的活动。

1938 年 6 月，宋庆龄在香港创办"保卫中国同盟"，宋子文任会长，宋庆龄任主席。经宋庆龄邀请，国际友人克拉克女士任名誉书记，许地山好友、香港大学讲师诺曼·法朗士教授担任名誉司库，爱泼斯坦先生负责宣传工作。保盟成立宣言强调："保盟目标有二：一、在现阶段抗日战争中，鼓励全世界所有爱好和平民主的人士进一步努力以医药、救济物资供应中国。二、集中精力，密切配合，以加强此种努力所获得的效果。"保盟的主要任务是"成为需要者和资金、物资捐赠

---

①中华全国文艺界抗敌协会香港分会成立后，在港英当局进行社团登记时，港英当局为了表示在中日战争中"中立"，不准在名称中有"抗敌"二字，因此香港分会的名称改为"中华全国文艺界协会香港分会"。

者之间的桥梁"。保盟的主要工作是为抗日军队募集资金和物资（主要是医疗物资），募捐所得主要供给了新四军和八路军。许地山积极参加保盟的有关活动，这是许地山在香港参与抗日活动的重要抗日组织，有些活动如"嘉年华会"（进行募捐的游乐会）许地山全家都参加了。据许地山夫人周俟松晚年的回忆："1937 年抗日战争爆发后，地山基于旧恨新仇，奋身走出书斋，奔向街头，投入抗日救亡的洪流。1938年，孙夫人在香港成立'保卫中国同盟'，'保盟'一方面在国际上向华侨宣传抗日，一方面向全世界各地募集医疗药品器械、食品和其他物资辗转运到前线，支援抗日战争。'保盟'的司库，英国人法朗士先生，也是香港大学教授，与地山是同事和朋友，他经常来我家联系，商讨募集物资和运输线路问题。"

后来，国民党方面的文化人简又文等人组织了抗日文化团体"中华文化协进会"，也把许地山选为常务理事。这些人原来也参加了"中华全国文艺界协会香港分会"，但由于立场不同，他们不久就另行成立了"中华文化协进会"。开始时，他们为了借重许地山的声望，将许地山也列作理事，并选作常务理事。许地山为团结抗日，也同意列名，但实际并未主持协进会的工作。后来许地山曾促使"中华全国文艺界协会香港分会"和"中华文化协进会"进行了一些联合活动。

1940 年皖南事变发生后，许地山与张一麐等联名致电蒋介石呼吁团结、和平、抗战到底，并在香港文化界人士关于皖南事变的宣言书上签名。1941 年 1 月 7 日，许地山在日记中记述"这几年谣传日本南进政策积极进行准备，据说大有一、二月间占据香港之势"，这说明许地山当时是知道日本侵略者很有可能侵占香港的。他在香港有家有业，在这种情况下仍然积极地进行抗日工作，需要很大的勇气，令人可敬可佩。然而他竟未能看到抗战的胜利、台湾回归祖国、中国人民的解放和祖国的新生。1941 年 8 月 4 日，许地山因病逝世。

作品苍劲坚实　令人回味无穷

许地山于 1921 年发表第一篇小说《命命鸟》，接着又发表了前期代表作小说《缀网劳蛛》和具有朴实淳厚风格的散文名篇《落花生》。他的早期小说取材独特，情节奇特，想象丰富，充满浪漫气息，呈现出浓郁的南国风味和异域情调。他虽在执著地探索人生的意义，却又表现出玄想成分和宗教色彩。许地山在 20 世纪 20 年代末以后所写的小说，保持着清新的格调，但已转向对民众生活切实的描写和对黑暗现实的批判，写得苍劲而坚实，《春桃》和《铁鱼的鳃》便是这一倾向的代表作。

《命命鸟》写一对缅甸青年加陵和敏明的爱情故事。敏明与加陵相爱，但父亲要敏明专心做戏子，不让上学，加陵进了仰光高等学校，他们的爱情遭到家人反对。敏明在梦幻中见到极乐世界中美丽的命命鸟，为追求自由爱情，敏明和加陵携手投水自尽，去做了极乐世界的命命鸟。小说揭露封建婚姻制度的罪恶，宣扬人生是苦，涅槃最乐的宗教精神。

许地山的后期小说现实主义倾向加重，社会不平和阶级对立成为其小说的基本背景。如《在费总理的客厅》、《春桃》、《铁鱼的鳃》等。《春桃》写春桃、向高、李茂之间的情感纠葛。春桃与李茂成亲那天，由于乱兵的冲击，两人在逃跑中离散。后李茂参军，双腿伤残后流落街头成了乞丐。春桃流浪到北平以捡破烂为生，与伙计向高日久生情。李茂巧遇春桃后，被春桃背回去。后春桃与李茂和向高组成了一个和谐的家庭。在小说中，春桃尤若一个得道高僧，超越了凡世的清规戒律。春桃心中，已无男女，丈夫已非丈夫，媳妇已非媳妇，众生平等，一切皆空。慈爱与宽容，超越世俗的观念。

著作独树一帜　影响深远

　　在国家、民族陷入危难之际，作为一介文人，许地山不顾危险，挺身而出，奋力投身到抗日救亡运动中，利用自己手中的笔，通过撰写杂文、抗日剧本等文章，鼓励青年人投入抗日武装斗争；走出书斋，四处发表演讲，甚至全家参加抗日募捐等，全心投入到抵抗日本侵略、保家卫国的历史洪流之中；积极参加中华全国文艺界协会香港分会和保卫中国同盟等组织的抗日活动，推动中华全国文艺界协会香港分会和中华文化协进会联合开展活动，向日本侵略者坚决抗争，反对投降，决不妥协，显示出了宝贵的民族气节，令人深为感佩。

　　许地山一生还创作了许多小说、杂文、散文、剧本和有关研究宗教的著作等，作品结集出版的有短篇小说集《缀网劳蛛》、《危巢坠简》，散文集《空山灵雨》，小说、剧本集《解放者》、《杂感集》，论著《印度文学》、《中国道教史》（上卷）等。解放后，开明书店出版了一卷本的《许地山选集》；1958 年，人民文学出版社出版了两卷本的《许地山选集》；1985 年，海峡文艺出版社出版了《许地山选集》；1998 年，新华出版社出版了《许地山文集》，收录了以前许地山自辑的各集中的文章；国内各个出版社也陆续出版了各种许地山的文集，影响深远。

　　周苓仲先生（许地山先生之子，从母姓）为本文提供了照片及资料，在此致谢。

　　附录：许地山《"七七"感言》全文

　　欧洲有些自然科学家，以为战争是大自然的镰刀，用来修削人类中的枯枝败叶的。我不知道这话的真实程度有多高，我所知的是在人类还未达到"真人类"的阶段，战争是不可避免的。这所谓"真人类"，并非古生物学的，而是文化的。文化的真人是与物无贪求，与人无争持的。因为生物的人还没进化到文化的人，所以他的行为，有时还离不开畜道。在畜道上才有战争，在人道与畜道相遇时也有战争。畜生们为争一只腐鼠，也可以互相残噬到膏滴血流，同样地，它们也可以侵犯人。它们是不可理喻的。在人道的立脚点上说，凡用非理的暴力来侵害他人的，如理论道绝的时候，当以暴力去制止它，使畜道不能再光天化日之下猖獗起来。

说了一大套好像不着边际的话，作者到底是何所感而言呢！他觉得许多动物虽名为人，而具有牛头马面狼心狗肺的太多，严格说起来还不能算是人，因此联想到畜道在人间的传染。童话里的"熊人"，"虎姑"，"狐狸精"，不过是"畜人"。至于"人狼"，"人狗"，"人猫"，"人马"，这简直是"人畜"。这两周年的御日工作也许会成将来很好的童话资料，我们理会暴日虽戴着"王道"的面具，在表演时却具足了畜道的特征。我们不可不知在我们中间也有许多堕在畜道上。此中最多的是"狗"和"猫"。我们中间的"人狗"、"人猫"，最可恶的有吠家狗、引盗狗，饕餮猫与懒惰猫。两年间的御日工作可以说对得人住，对得祖宗天地住。但是对于打狗轰猫这种清理家内的工作却令人有点不满意。

在御日工作吃紧的期间，忽然从最神圣的中枢里发出类乎向日乞怜的狺声，或不站在自己的岗位，而去指东摘西的，是吠家狗。甘心引狼入宅，吞噬家人的是引盗狗。我们若看见海港里运来一切御日时期所不需的货物，尤其是从"日本船"来的，与大批的原料运到东洋大海去，便知道那是不顾群众利益，只求个人富裕的饕餮猫的所行。用公款做投机事业，对于国家购入的品物抽取回扣，或以劣替优，以贱充贵，也是饕餮猫的行径。具有特殊才干，在国家需要他的时候，却闭着眼，抚着耳，远远地躲在安全地带，那就是懒惰猫。这些人狗，人猫，多如牛毛，我们若不把它们除掉就不能脱离畜道在家里横行，虽有英勇的国士在疆场上与狼奋斗着，也不能令人不起功微事繁的感想。所以我们要加紧做打狗轰猫的工作。

又有些人以为民众知识缺乏，所以很容易变成迷途的羔羊，而为猫狗甚至为狼所利用。可是知识是不能绝对克服意志的，我们所怕的是意志薄弱易陷于悲观的迷途的牧者。在危难期间，没有迷途的羔羊，有的是迷途的牧者。我的意思不是鼓励舍弃知识，乃是要指出意志要放在知识之上，无论成败如何，当以正义的扶持为准绳，以人道的出现为极则。人人应成为超越的男女，而非卑劣的羔羊。人人在力量上能自救，在知识上能自存，在意志上能自决，然后配称为轩辕的子孙。这样我们还得做许多积极工作。一方面要摧毁败群的猫狗，一方面要扶植有为的男女，使他们成为优越的人类，非得如此，不能自卫，也不能救人，不配自卫，也不配救人。所以此后我们一部分的精神应贯注在整理内部，使我们的威力更加充实。那么，就使那些比狼百倍厉害的野兽来侵犯我们，我们也可以应付得来。为人道努力的人们，我们应当在各方面加紧工作，才不辜负两年来为这共同理想而牺牲的将士和民众。[①]

---

① 　原载 1939 年 7 月 7 日香港《大公报》，收入《杂感集》。

高仲明 从"娃娃兵"开始抗日传奇

高仲明（1929
—2008 年），又名高
聪明，1929 年生于
台湾台北，1940 年
参加由李友邦将军
领导的台湾少年团，
台湾少年团在浙闽
皖赣等地的演出和

1985 年，高仲明获得第五届中国电影金鸡奖特别奖

讲述极大地激励了当地军民打败侵略者、收复台湾的抗日热情，
但 1946 年被国民党当局解散。高仲明进入华北大学学习，后在北
京电影制片厂任职，此后 50 余年间投身于新闻电影事业中，建树
斐然。

12 岁参加台湾少年团

在八年抗战期间，中国抗日武装中有这样一支特殊的队伍：它最
初仅由 6 个台湾小朋友组成，最多时发展到 60 多人，平均年龄十二三

岁。这些"娃娃兵"穿着不合身的军装，在浙赣闽三省有声有色地进行抗日宣传，受到热烈欢迎。这就是由台籍抗日志士李友邦组建的台湾少年团。

1939年2月22日，台籍黄埔二期生李友邦将军领导的台湾义勇队和台湾少年团在浙江金华酒坊巷18号（台湾独立革命党总部）正式成立，他们高喊"保卫祖国，收复台湾"的口号在大陆东南战场奋战。

"我的名字叫高（仲）明，我的家是在台湾台北的一个小乡村里，现在回到大陆来参加少年团，我今年已经13岁了，我将来要做个很好的革命者，革掉日本鬼子的命！"高仲明的这番自我介绍出自1941年5月15日台湾义勇队刊物《台湾先锋》第8期推出的少年团专号，这是迄今所见到的有关台湾少年团情况较集中的文献汇编。其中，最珍贵的就是一份由这些少年团成员亲自撰写的"自我介绍"，共计26则。

"少年团刚开始时只有6个小朋友，都是随父母到金华参加义勇队的。我是1940年到金华加入少年团的，当时共有16名团员，最小的9岁，最大的也就15岁，平均12岁。"高仲明回忆说。爱憎分明的孩子们，用稚嫩淳朴的语言，表达参加祖国抗战的激动心情及对日本侵略者的刻骨仇恨。

1929年，高仲明出生在台湾台北县一户农民家庭。1937年，8岁的他跟着不甘心做殖民地二等公民的父母迁移到福建。据他的孙子高翔回忆，彼时国民党当局把这些投奔祖国而来的台胞看作"敌对嫌疑分子"，不但不支持、保护，反而因害怕他们是日本特务而处处提防。1938年初夏，时任福建省主席的陈仪下令，以"关怀"名义，将散居在闽南沿海一代的500多名台胞强行迁往闽北崇安山区的"台民垦殖所"。"名曰'垦殖'，实则监禁看管，太爷爷太奶奶和尚在年幼之中的爷爷都在其中。"

1939年2月，李友邦招募身在崇安的台胞组建台湾义勇队，同时成立台湾少年团。1940 年，12 岁的高仲明参加台湾少年团，从此走上了革命之路。

李友邦将军对这些"娃娃兵"亲切又和蔼，被当时的记者称作这群少年的"大众家长"，他以大陆的原野为课堂，以大陆同胞抗战的英勇事迹为课本，培育台湾少年热爱祖国的情怀，锻炼他们顽强的革命斗志。在《为什么组织台湾少年团》一文中，李友邦这样阐述组织台湾少年团的原因：少年儿童是民族的幼苗，是国家民族的未来和希望；台湾的少年和儿童是台湾革命的继承者和新台湾的建设者；在日本殖民统治下的台湾，少年儿童所接受的是以日语为主的奴化教育，身心健康被扭曲。回到祖国大陆的台湾少年儿童，由于其本身的特殊性，需要有关台湾革命和建设的特殊课程教育；台湾少年团是适应迁居祖国大陆的台湾少年的要求而组织起来的。

亲历 1945 年收复台湾

金华是当时浙江省的抗日力量会聚之地。高仲明和其他"娃娃兵"住在金华东关外一个祠堂里。没有薪水，吃穿用采供给制，穿的军装都是不合身的。在艰苦的条件下，这些台湾少年一边学习文化，一边苦练舞蹈、歌唱、快板书等宣传基本功。

"除了一次坐火车外，我们每一次出去演出都是步行，有时到一个地方要走两三天，日夜赶路。"据高仲明回忆，"有演出的时候，我们就打着团旗，一路唱歌步行到目的地。除了跳舞、说快板、唱歌，我们也讲台湾同胞在日本殖民统治下的悲惨遭遇，让大陆同胞知道不只是他们在受日本侵略者迫害。这些十来岁的少年有时还要到前线，发挥会讲日语的优势进行'喊话'，以瓦解敌军。每到一个地方，老百姓都把门板卸下来给我们搭舞台，演出用的灯也是当地提供的。我们到每个地方还要刷标语，标语很多，但总是有一个响亮的标语，那就是'保卫祖国，收复台湾'。"

几年来，台湾少年团艰苦跋涉，足迹遍及金华城乡、浙东前哨、赣北皖南、闽南沿海和闽西龙岩一带，所到之处，被抗日军民亲切地称为"穿军装的台湾娃"。多年以后，高仲明仍对当时的很多抗日歌曲记忆犹新，不时哼唱，特别是那首悲壮激昂的《台湾少年团团歌》："台湾是我们的家乡，那儿有人五百万，不自由。台湾是我们的家乡，那儿有花千万朵，不芬芳。我们载了枷锁来人间，我们受着麻醉过生活，离了家乡奔向自由，要把自由带回家乡。我们会痛恨，不曾哭泣，我们要生存，不要灭亡。在压迫下斗争，在斗争里学习，在学习中成长，要造就宇宙般的胸襟，要锻炼铁石般硬的心肠，要团结千百万的儿童，要收回我们的家乡，要和敌人拼个生死存亡！"这首歌唱出了台湾少年儿童的心声，也让大陆的同胞了解了殖民统治之下的台湾同胞的处境，激发了所到之处乡亲们的同情和支持。

1945年8月15日，日本宣布无条件投降，高仲明他们刷的标语终于变成了现实。"当时，我们高兴得都哭了，连蹦带跳的。高兴过后，心急如焚，恨不得马上回到台湾，天天盼着能搭上回台湾的船。"高仲明说。

家乡近在眼前，满怀激动之情的高仲明乘船一路颠簸，终于在1945年10月到达高雄。回忆上岸那一刻的心情，他说："特别高兴，特别高兴！"当时岛内乡亲都对回到祖国怀抱感到十分喜悦和兴奋。

1946年2月，这支中国抗日史上独特的队伍被国民党当局正式解散。

再赴大陆投身电影事业

面对被侵略者蹂躏得满目疮痍的家乡，十几岁的高仲明迫切希望为重建家园尽自己的一份力量。台湾少年团就地解散的结局，令他感到十分痛心。

1947 年 2 月，震惊中外的"二·二八"起义爆发，18 岁的他彷徨而困惑。1949 年 4 月，国民党败局已定，军队陆续退踞台湾。高仲明下定决心，第二次奔赴大陆，以寻求报国之门。他从基隆搭乘英国货轮，转道香港，最终来到北平，虽然孤身一人，举目无亲，但北平城内的新气象让他备感亲切。

在这里，高仲明遇到了对他一生影响最大的人——中国戏剧界前辈欧阳予倩先生。在欧阳先生的介绍下，高仲明进入华北大学学习。1949 年 11 月，他作为 50 名学员之一被选派到北京电影制片厂（1953 年正式改为中央新闻纪录电影制片厂），此后 50 余年间投身于新闻电影事业中。

半个世纪的时光中，彼时的台湾少年团团员高仲明成为新闻编导，足迹踏遍了祖国的大江南北，亲身经历着祖国日新月异的变化。20 世纪 50 年代，在祖国南端的雷州半岛，他渡过琼州海峡，用摄影机记录下解放海南岛的真实画面，如今这些画面已是十分珍贵的影像史料。在祖国北端的东北荒原，他顶风冒雪拍摄为开垦土地辛勤创业的纪录片《在荒地上》；在东北小兴安岭的林海雪原中，和青年筑路队员同吃住，拍摄了纪录片《深山密林一条路》。在祖国西部的青海高原万里沙海上，他在骆驼背上同地质队员一起生活工作，拍摄了纪录片《在柴达木盆地》。为展示祖国的新面貌，他远赴广东侨乡，拍摄了《新会新貌》、《台山纪行》等纪录片，向海外侨胞介绍家乡的新气象。

1988 年海峡两岸吹起了阵阵暖风，高仲明又将视角转向故乡台湾，先后拍摄了《来自台湾的歌》、《故土难忘》、《骨肉乡亲》、《台湾岛》等影片，借由这些新闻纪录影片，也传达着他作为台籍新闻编导的思乡之情。

台湾的一草一木都牵动着高仲明的心，年过花甲以后，他的思乡之情与日俱增。2007年7月29日，在阔别家乡58年之后，他终于回到台湾。见到久违的亲人和曾并肩战斗的台湾少年团战友，他感慨万千，在父母墓前祭拜并反思有生之年未能尽孝，他抱憾终生。

　　高仲明说，少年时期投身抗战，凭的是一腔热血；青年时期决定跟共产党走，是他一生不悔的选择。在战火纷飞的年代，一个少年能把生死置之度外，义无反顾地投入到抵抗侵略的斗争中，实在令人钦佩。他说："我人生的亮点在于参加了抗战。台湾光复不是天上掉下来的，没有抗战的胜利，是不可能实现的。这个成果是包括台湾同胞在内的全国人民浴血奋战而得到的，真是来之不易啊！"

　　在台湾光复60周年时，高仲明对记者这样谈到："从我的经历就可以看出，台湾同胞与祖国的命运是紧紧拴在一起的。60年前，统一是台胞之福；60年后，我觉得仍然是，以后也是，永远都是。"

黄素贞 台湾伉俪携手抗日

黄素贞（1917—2005年），福建福州人，孤儿，养父黄贡是在福州经商的生意人，原籍台湾台北县汐止，黄素贞就读福州基督教陶淑女中，1937年随家人来到台湾，在台北教北京话，并因此认识萧道应。1940年，黄素贞随新婚丈夫萧道应及钟浩东夫妇等5人离开台湾到国统区参加抗日，在惠州惠阳遭国民党军队逮捕，误

黄素贞与丈夫萧道应

认为日军间谍，险被处死，经台籍客家元老丘念台出面保释，进入其领导的"东区服务队"，从事抗日工作。

教国语结缘革命伴侣

黄素贞的养父是一名旅居大陆的台商，为了生意，常常往来于香

港、台湾、上海之间，因此见识宽广。他在香港聆听孙中山的演讲，信仰三民主义，影响了女儿。他注重女儿的教育，让黄素贞一路读到福州基督教陶淑女中。无奈1937年日本帝国主义全面侵华，黄素贞被迫中断学业，随家人迁回台湾，在台北教授北京话。

双十年华的黄素贞青春美貌，讲课生动活泼，她的学生中不少是就读台北帝国大学（今台湾大学，简称台大）医学部医科的知识青年，萧道应就这样与她认识，并喜结连理，成为一辈子相互扶持的革命伴侣。

多年以后，他们的儿子萧开平回忆父母的故事时提到，萧道应"原本就有浓厚的祖国意识，听说有这么一个学习祖国语言的机会，便欣然前往报名。"母亲黄素贞"教学生动活泼，除一般授课，还教唱当时中国的抗战爱国歌曲，如著名的《义勇军进行曲》，深受学生欢迎。几位受教学生，不时高唱'起来！不愿做奴隶的人们！把我们的血肉，筑成我们新的长城！中华民族到了最危险的时候，每个人被迫着发出最后的吼声。'"激昂澎湃的抗日情绪，一天天高涨，回到祖国参加抗战的念头日益强烈。

而黄素贞与萧道应的"师生恋"修成正果还有一段小插曲，他们的侄女萧吉紫说："1939年，萧道应先生与黄素贞女士因'志同道合'与'情势所逼'（不愿当广播员为日人做事），于是向来沉默寡言的道应叔向黄女士建议两人'假结婚'，黄女士于是搬去与道应叔等大伙儿住在一起了，这在现今社会中也是非常另类的求婚方式。我听了都会心动呢！"

1940年元月，黄素贞与萧道应正式结婚。4月，萧道应以第一名成绩毕业于台北帝大医学部。7月，两人前往上海，辗转与钟浩东夫妇、李南峰等人会合，5个人集合起来开始了抗战活动。从此到1945年10月台湾光复的5年多时间里，黄素贞等人一直在颠沛流离、生命威胁、骨肉分离、艰苦抗战中永不退缩。尤其是1943年至1944年在半沦陷区创办罗浮中学、小学，在天灾、兵祸、疟疾肆虐中，坚持不懈地做着抗战工作，黄素贞在其亲笔撰写的《我和老萧的革命岁月》中说："这是我一生难忘的苦难情景。"但这一切，都没有阻挡黄素贞坚定地踏上抗日的道路。

死里逃生入东区服务队

5个满怀报国激情热血澎湃的台湾青年，山水迢迢地奔赴大陆，其中黄素贞和丈夫从上海辗转与钟浩东他们会合。但他们并不了解大陆复杂的政治环境，他们仅知道台湾民众党谢南光（笔名追风）在重庆，而国民党的蒋介石在领导抗日。

毫无准备的他们到了惠阳，被惠阳地方国民党当局误认为是日本派来的间谍或汉奸，硬要把他们枪毙。幸好"东区服务队"的丘念台知道了这件事，他认识钟浩东和蒋碧玉的养父蒋渭水等，相信他们不是所谓的"日谍"。丘念台请求闽赣粤边区总司令香翰屏，获准与5人见面谈话，5人终于获救！此后，黄素贞等5人被押解搭火车，经由长沙到桂林，在桂林度过一段时间，再到韶关，钟浩东、李南峰分发到民运工作队受训，萧道应、黄素贞、蒋碧玉到南雄陆军总医院服务。先生担任医生，黄素贞当护士，救治伤兵与民众无数，后来夫妻两人都从事战区民众组训及教育工作。

在那段烽火连天的岁月里，蒋碧玉和黄素贞先后生下各自的长子钟继坚、萧继诚。但是，因为他们决定去"东区服务队"前线工作，无法兼顾婴孩，情势逼迫之下，两位太太泪水长流，不得不把心肝宝贝送给人领养。据说，黄素贞与蒋碧玉为此接连哭了二夜三天，为了救国救民，她们毅然做出了令一位母亲痛苦万分的牺牲。

被捕入狱不移爱国之志

抗战胜利后，黄素贞出任广州台籍官兵集训总队女子大队副大队长，辅导滞留广州的台籍青年，协助解决困难。1946年5月，黄素贞与丈夫一道返台，任教基隆中学，继转台北一女中，担任庶务主任，再转台北市大同中学。

正当她期待与萧道应开启美好岁月之时，灾难不期而至。1949年10月，因萧道应有中共地下党嫌疑，以及受基隆中学校长钟浩东案牵连，当局下令逮捕黄素贞夫妇。为此，夫妻相偕逃亡，自北而南，再由南而北，最后藏匿于苗栗山区两年。

在此期间，钟浩东于1950年10月14日被枪决。1952年4月，黄素贞夫妇也双双被捕入狱。在那个白色恐怖时代，黄素贞以坚强毅力，支撑她度过艰难的岁月，狱中产有一子。1952年12月，他们出狱。但是由于政治犯服过刑的身份，工作无着，生活失去来源。黄素贞就挨家挨户卖茶叶贴补家用，尝尽人间冷暖。

怀着拳拳报国心从台湾奔赴广东，黄素贞差点因"日谍"罪名被枪毙，回到台湾之后，又颠沛流离躲避追捕，甚至狱中产子，出狱后更是以小本生意艰难求生。但黄素贞没有愤怒过，更没有为此否定自己。据后辈回忆"萧妈妈"的文章提及，黄素贞的孩子年幼时，受国民党教育影响，知道父母坐过牢，引以为耻。她义正辞严回应："父母坐过牢是一件光荣的事情，父母为国家参加抗战，坚持为人民、国家服务的理念，为理想奋斗不懈，如何是耻辱？"小孩听了，一下子茅塞顿开，终能努力向上，获得成就。

黄素贞与萧道应为中华民族栽培了一群杰出的子女，他们都能接受庭训，无忝所生——长子继光在泰国经商有成，黄素贞夫妇生前常到泰国小住，接受奉养孝顺，在萧道应孤寂的岁月里，她陪同丈夫到异国散心，多少使他得到一些慰藉；次子开平是美国著名大学医学博士，继承父亲衣钵，从事法医工作。诸位女儿有的学音乐，有的学自然科学，皆学有专精并有良好的归宿。长女婿陈哲俊为中央大学理学院教授，是一名杰出的科技学者；二女婿徐哲金从事陶瓷事业，为笃实的实业家。萧家内外孙十余人，都在欣欣向荣，卓然成长之中。

古人评价历史人物，说"立德、立功、立言，谓之三不朽"，萧妈妈黄素贞女士三样都做到了。立德方面，她一生孝顺父母，她感念养父母的养育栽培之恩，对他们如同亲生父母般的孝顺，直至为他们送终；她善待丈夫，始终是先生最大的支柱；她妥善照顾子女，抚养他们长大；她对待同志与朋友，都极其友好贴心，不吝伸出援手，她在多方面都做了好榜样。立功方面，她与先生萧道应抗战时奔赴祖国大陆，参加抗战，书写下台湾人参加抗战可歌可泣的篇章，这是功。立言方面，她亲自撰写的《我与老萧的革命岁月》，是一篇掷地有声的重要史料，是台湾人参加八年抗战的第一手见闻，印证了台湾人抗日反日的史实，是迄今为止，曾经参与抗日战场的台湾人唯一的一部回忆录。

蒋碧玉 甘为台湾流第一滴血的"好女"

题记

"当悲伤的昨日将要死去 / 欢笑的明天已向我们走来 / 而人们说 / 你们不应该哭泣 / 我们为什么不歌唱……"

——电影《好男好女》

在历史的汩汩长流中，女性经常是面目模糊的，而有一位女子，她美丽，坚毅，在台湾著名导演侯孝贤的电影《好男好女》

蒋碧玉怀抱钟浩东少年时照片

中，她的名字是蒋碧玉。她74年的人生，充满戏剧性，甚至这部电影也不足以展现其全貌。

蒋碧玉（1921—1995年），原名蒋蕴瑜，本姓戴，因过继给舅舅蒋渭水改姓蒋。1931年蒋渭水去世后，她未能升学，后在台北帝国大学（今台湾大学，简称台大）医院当护士，认识因用功过度神经衰弱而住院的台北学生钟浩东，后来两人成为一对革命伉俪，并肩抗日，英勇无畏，大义凛然。后钟浩东被捕牺牲，蒋碧玉也被捕并被押去绿岛服刑。

志同道合伉俪情深

"她听着他诉说宏大的理想，心里早有了坚定的执著……她读着他战场寄回的家书，看他飞扬的字，相信着……她望着铁栏杆外的他，流着泪，不能相守，也已经是一生一世。"

这是蒋碧玉与丈夫钟浩东的深情瞬间，因矢志抗日，几多无奈，几多悲欢。

说起蒋碧玉的成长，不能不提她的养父蒋渭水。蒋渭水是日本殖民时期台湾抗日活动的主要领导人，幼年的蒋碧玉家世良好，生活优裕，在蒋渭水的大安医院、文化书局与台湾民报社之间过着无忧无虑的日子。蒋渭水去世后，蒋碧玉到医院当了一名护士。在那样一个纯净的天地里，蒋碧玉认识了她生命中最重要的人。原台盟广东省委员会名誉副主委郑晶莹女士的回忆文章中提到，彼时钟浩东用功过度，患了神经衰弱症，住进台北帝国大学医院治疗。蒋碧玉当时才 16 岁，与钟浩东志同道合，跨入爱河。他们同样明辨是非，同样不满日本人统治，相识相恋十分投合。

1940 年，刚 19 芳龄的蒋碧玉做出了人生中两大重要决定，她与钟浩东结婚，并以满腔爱国之情奔赴中国大陆，为抗日贡献自己的青春、汗水和泪水。事实上，到祖国最需要的地方去参与抗日的愿望早已在两人心中萌发。在钟浩东读完台北高校时，日本要在台湾征一批会讲广东话或客家话的台湾青年去广东充当日本军夫，钟浩东识破了日本的侵略阴谋，毅然带领蒋碧玉先行到日本读书，以躲避征召。于是钟浩东进了明治大学，蒋碧玉则就读于东京医学院，两人开始筹划如何投奔祖国大陆参加抗战。

返台后，蒋碧玉夫妇与钟浩东台北高校的好友萧道应及其妻子黄素贞、钟的表哥李南峰常聚在一起。黄素贞当时在台北教国语，也由此认识丈夫萧道应。这些青年在一起秘密讨论中日战争形势，阅读进步书籍，探讨反日活动的实践计划。钟浩东等人家庭条件较好，本来可以过着衣食无忧的少爷、少奶奶生活，然而，在强烈的爱国精神和坚定的革命理想感召之下，他们依然踏上了前途未卜的抗日之路。

由于缺乏经验，对路途估计过于乐观，他们筹划了两条路线：一是由台湾经香港入广东，转广西抵重庆；另一条是从台湾到上海，再从上海去重庆，并天真地以为去重庆找蒋介石就能抗战。为了筹集路费，他们还冒险违法私买黄金，然后把黄金炼成金条塞入肛门带出境。

艰难的抗日生涯开始了。

历经艰辛坚持抗日

1940 年，蒋碧玉和丈夫钟浩东、李南峰先行到达上海沦陷区，萧道应和黄素贞计划从香港转至上海与他们会合。孰料到了约期却不见二人身影。钟浩东怕路上出事，决定只身去香港探个究竟，结果发现从香港取道广东再到重庆的路更好走，便通知妻子和表哥来港。此时萧道应夫妇也赶到了。五人胜利会师，十分高兴，很快踏上了去广东惠州的火车。在惠阳被国民党当局误认为日本间谍，准备把他们枪毙掉。幸好这时丘念台得知了这一消息，他亲自赶来与 5 位台湾青年对话，钟浩东和蒋碧玉之父蒋渭水的爱国事迹在台广为流传，丘念台曾听其父丘逢甲谈话中提过这两个人。凭借这一点，他向当局力证 5 人不可能是日本间谍，这才使他们避过杀身之祸。而此时，蒋碧玉和黄素贞已怀有身孕，丘念台此举相当于救了 7 条人命。

但活罪依然难逃，5 人被解往广西桂林，又因桂林战事告急折回广东韶关（广东战时的省会）。路途奔波，辗转不停，他们吃的是难吃的糙米，睡的是稻草铺的地板。但是谁也没有叫苦，甘愿接受磨难，终于使押解者解除了"日本间谍"的怀疑。

在丘念台的斡旋下，5位爱国台湾青年来到他领导的"东区服务队"工作。当时东区服务队工作的地区范围是河源、紫金到惠东罗浮山一带的客家地区。钟浩东、萧道应等正是客家人，大有施展拳脚的天地，也使他们像回到自己的祖籍处一样感到亲切融洽。蒋碧玉随丈夫一起，一方面参与前线的对敌军俘虏工作和救护工作，一方面又做当地民众的救亡宣传工作。5个人干得有声有色，如鱼得水，既兴奋又忙碌。

会日语虽然使蒋碧玉和丈夫差点因"日谍"罪名被枪毙，也使他们做日俘的教育工作得心应手，搜集了许多有益的敌方情报。他们第一次感到了当家做主，不被日本人管治而是管治日本人的民族骄傲。

令人难过的是，在此期间，蒋碧玉生下了她与钟浩东的第一个爱情结晶，却因为战争形势所迫，不能照顾婴孩，不得不送给当地人抚养。为此，蒋碧玉泪水涟涟，万般不舍。黄素贞也生了一个儿子，同样不得不留在当地。两位太太泪眼相对，都能体会这种锥心刻骨的悲伤。

1945年年初，日寇战败前垂死挣扎，侵扰惠东一带。东区服务队改名为广东工作团，地盘向河源、梅县方向迁移。日本投降后，蒋碧玉随丈夫钟浩东等人用"三青团台湾第三分团"的牌子在广州协助台胞返台，最后他们也重返日夜思念的光复后的台湾故乡。

回台被捕关押绿岛

蒋碧玉的命运与丈夫息息相关。返台后，钟浩东经丘念台和李友邦推荐成为基隆中学的校长。在风雷激荡的 20 世纪 50 年代，蒋碧玉等人爱国之心矢志不渝。"二·二八"事件爆发后，钟浩东积极深入民众中去参加集会，惩办国民党政府中的贪官污吏，支持台湾民众的抗暴斗争。1949 年 9 月，基隆中学校长钟浩东被国民党当局逮捕，监禁了一年。身为校长夫人的蒋碧玉也因此遭收押侦讯，在军法处熬过半年的审讯。

国民党特务威逼利诱钟浩东自首，但钟浩东始终拒不低头认罪，最终无悔地走上刑场，英勇就义。据台湾历史作家蓝博洲描述，"钟浩东挨了三枪，都在胸部，（血汩汩流出……）——额头许是倒地时碰了点伤，手里还抓了一把土……打在胸口，死的较快，没有那么痛苦吧！"钟浩东的遗体送回家时，棺材板间藏有两封遗书，一封给母亲，另一封则是给妻子蒋碧玉的。

书中写到："蕴瑜：我知道汝的心情将会受到莫大的冲击，汝将沉沦于悲痛的苦海中，但是我希望汝能很快地就丢掉悲伤的心情，勇敢地生活下去。我只希望汝多给她通讯，多给她安慰，东、民二儿多给她见面。……民儿太可怜了，恐怕他还不认识我呢！……我将永远亲爱汝怀念汝，祝福汝。浩东手书　十月二日深夜"

这对蒋碧玉来说，是多么大的打击！心爱的丈夫英勇就义，大儿子下落不明，两个小儿子如此年幼却连父母的面都见不到！钟浩东临死之前只希望蒋碧玉能把大儿子找回来。丈夫牺牲后，蒋碧玉也被捕并被押去绿岛服刑，直到刑满归来，才与两个儿子团聚。

原本出生于上流社会的蒋碧玉，出狱后生活十分窘迫，不得不靠在风化区归绥街卖红豆饼、阳春面为生。尽管愁苦漂泊，她依然是那个被人昵称"蒋姑娘"的大家闺秀，仍然坚持延续父亲蒋渭水的遗志和夫婿钟浩东的心愿，毕生寻求和平民主之路。

蒋碧玉铭记钟浩东遗愿，心心念念在大陆的大儿子。20 世纪 80

年代，尽管年事已高满头霜发，她依然苦苦寻觅。曾任台盟广东省委员会名誉副主委的郑晶莹女士帮她去韶关一带凭已知线索寻找，在韶关市政府对台办的协助下，终于在一家姓肖的人家找到了蒋碧玉的长子。遂了了这对革命伉俪最后的心愿。

1995 年，蒋碧玉走完了她 74 年坎坷而伟大的人生之路。也许她不会想到，在多年以后，北京西山森林公园建成一座无名英雄纪念广场，纪念广场两端的花岗岩墙壁上也分别镌刻了两段铭文，标题分别为"家国"和"信义"。"信义"下写着："因为皈依信仰，坦然面对生死；因为心怀大爱，无悔血沃中华。中共地下党员钟浩东夫人蒋碧玉面对保密局特务平静地说：我们难逃一死，但是，我们能为伟大的祖国、伟大的党在台湾流第一滴血，我们将光荣地死去！"

我们以这样的方式来纪念那些"在台湾流第一滴血"的英雄们，既是对英烈的告慰，对一段曾经峥嵘岁月的还原和缅怀，更是对今人和后人的激励和警醒。我们不能忘记许许多多像蒋碧玉和钟浩东这样的追梦者伟大的情怀，必将朝着这些追梦者未竟的目标奋勇前进！

苏鸿树　掩护地下党的白衣天使

苏鸿树（1902—1969 年），又名苏省，字剑塘，惠安张坂镇苏坑村人，自幼随经商的父亲（苏泡水）东渡台湾。1926 年毕业于台湾医学院，先后在台北、基隆、台南等地行医，擅长西医外科。受进步思想影响，参加爱国抗日组织被日本逐回厦门。他和妻子骆潜花在厦门开办医院，并提供给中共地下党作为联络点，还为

苏鸿树（1902—1969 年）

党传递保管信函文件，接待掩护人员，提供食宿活动场所，免费医治护理伤病员。他曾一度被捕入狱，坚贞不屈，无罪而释放，并一直资助中共地下活动经费。

学成医术被驱逐出台

在今惠安县张坂镇苏坑村官路，有一处老宅坐北向南，依山面海，背有叠翠山峦，前可眺望碧海波涛，风景优雅，视野开阔。这里便是

台籍抗日人物苏鸿树的故居。

出身世家的苏鸿树自幼随父亲东渡台湾，父亲经商，家境无忧。他却没有走经商的道路，而是在台湾医学院习得一身好医术。1928年春，刚毕业不久的苏鸿树到上海、杭州、南京等地游历，寻求革命真理。返台后正值"济南惨案"发生，他对日本帝国主义的暴行十分愤慨，积极参与组织"华侨青年会"，到处宣传台湾是中国的神圣领土，台湾同胞是中华民族的一部分，皆是华夏炎黄子孙，发动台湾同胞团结抗日。此举触怒台湾日本殖民当局，导致苏鸿树被拘7天，其全家被驱逐出台湾本岛，遣送至福建厦门。

1928年7月，苏鸿树携带家眷在厦门定居，他和妻子骆潜花在厦门思明北路创办惠民医院。这时他的信仰也从民主主义转变为共产主义。医院是一个十分理想的联络点，这里往来人员复杂，环境特殊，即可以便利地救治伤员，又可以化装成病人混过搜查，而这一切都依赖医院内部负责人的全力相助和肝胆相照。苏鸿树正是这样一位不可多得的值得信赖的爱国进步人士。

创办医院成可靠联络点

不少历史资料都这样记载苏鸿树，说惠民医院的院长苏鸿树，是一位党外进步爱国人士。他的医术高明，待革命同志十分热情，曾掩护过不少中共地下党员。每当遇到紧急情况，遇险的同志就装成病人躲进医院，避开敌特的搜查。

这方面的例子不胜枚举，例如《方毅传》中提到革命者清除叛徒后在苏鸿树的掩护下成功脱险的事情：

> 为了确保除奸行动万无一失，方清吉组织的"打狗队"在掌握这个叛徒活动的规律后，便通过埋伏监视认准了这个叛徒。第二天黄昏，清吉带着左轮枪埋伏在厦门大学后面路

旁的炮台下，乘叛徒路过时不防备，连打两枪，第一枪就将其击中，第二枪便利索地将其击毙，并把事先准备好的布告压在他身上。布告上写着"叛徒，我代表人民处死你"，落款是"打狗队"。当敌人得知这个叛徒被击毙，还发现了"打狗队"的布告时，十分震惊。厦门国民党当局当即宣布全岛戒严，派出大批军警和便衣到处搜查。在这紧急关头，方清吉来到惠民医院。院长苏鸿树不顾个人安危，掩护方清吉住在自己家中。第二天又亲自帮助清吉化装，使他得以脱险。

苏鸿树自愿接受中共地下组织的领导，把惠民医院开辟成地下党的联络站、交通站、地下诊所。为中共福建省委、厦门中心市委保管档案、传递信函和传单，接待或掩护过不少地下党领导人，如方毅、罗明、陶铸、蔡协民、曾志、粘文华、蓝飞凤等。当时在厦门工作的地下党人或在战场上负伤的红军指战员大都转移到惠民医院，苏鸿树亲自为其免费疗伤治病。

1932年春，蔡协民在惠安领导惠北农民抗捐斗争，他与厦门中心市委的来往信件，均交由苏鸿树中转到厦门中心市委机关。中国工农红军闽南独立第3团副团长尹利东（尹林平）因战斗负伤，中共党组织派人护送，在苏鸿树的惠民医院一住院就是三四个月，得到精心照顾和治疗。

一天深夜，方毅因处决一个为非作歹的国民党特务，惊动反动当局，厦门全市戒严，挨户搜查，形势紧张，苏鸿树将其隐蔽在自己家中，凌晨时分，他亲自协助方毅化装，最终安全转移。

……

就这样，许多地下党领导和秘密工作者都和苏鸿树建立了深厚的革命友谊。

坚贞不屈迁至石狮续写抗日

苏鸿树屡次帮助地下党，最终国民党当局也有所觉察，以涉嫌包庇等罪名两次将他抓捕入狱。在狱中，任凭敌人如何威胁利诱、严刑拷打，苏鸿树始终坚贞不屈，守口如瓶。1934年7月，中共福建省委书记罗明、军委书记王海萍、军委秘书陶铸组织劫狱，把苏鸿树营救出狱。

1934年厦门陷入深深的白色恐怖中，留在厦门难以再展开更多的革命工作。苏鸿树遂迁居至晋江石狮镇开办华侨医院，这家医院仍延续了惠民医院的风格，中共地下组织将华侨医院作为联络站、交通站和秘密诊所。

安溪南安永游击战争失利后，支队长尹利东（1934年1月）从红3团调安南永德，任红军闽南游击队第2支队支队长隐蔽在同安、南安、晋江一带。因组织上经费十分紧张，尹利东便到华侨医院寻求苏鸿树的帮助。他在自己经济并不宽裕的情况下，仍毫不犹豫取出50银元支持地下党组织。

从安南永转移到晋南，在晋南担任工委委员、工委书记的李刚经组织认识苏鸿树，也多次在医院接头或隐蔽。泉州中心县委领导人许运伙、许集美等人也都时常来往于此。朱汉膺、卢明堂、卢彬朗、何邦基、郑家玄、王经贤等在晋江沿海一带活动，经常在华侨医院联络、住宿、养伤治病。香港中共党组织邮寄给晋江一带红色基点村的《华商报》及书籍、文件等也经常由华侨医院转送。在战争中负伤的游击队员纷纷在华侨医院得到精心的治疗和照顾。闽中地委派祝增华、李淑英夫妇到晋江沿海工作，他们成为华侨医院的常宿客，孩子也在这里出生。

石狮解放前夕，苏鸿树得知人民解放军即将到来，欣喜若狂。他事先绘制毛泽东和朱德像，购买大量衣物、鞋子和生活必需品。当闽中游击队进驻石狮时，他领着队伍，高举毛泽东和朱德画像，带着慰劳品前往慰问。

革命胜利默默行医不计回报

新中国成立后，苏鸿树依然默默从事平凡的行医济世工作，20世纪60年代初，中共中央东南局第一书记兼广东省第一书记陶铸，特派尹林平专程到泉州寻访苏鸿树，问他可有什么要求，苏鸿树答"仍愿做医生"，他先后在泉州市市民门诊部、泉州钢铁厂、泉州师范、泉州市人民医院当医生，从不炫耀革命时期的功劳。除精通医术外，还以"象棋圣手"蜚声泉南。其女婿洪椰子系海南岛人、曾任原泉州地区党委书记。

"文革"期间，因苏鸿树接待过众多地下党的关系，各地的调查组织和红卫兵纷至沓来，找他调查有关地下党领导人员的情况。因此导致他精神和身体受到很大的折磨，致使肝病复发，于1969年10月在泉州逝世，享年68岁。

这位对抗战事业忠贞不渝的革命前辈，几十年如一日用自己精湛的医术、高尚的人格无私帮助中共进行革命工作，他对革命的无限忠诚和默默奉献是我们不应忘记的！

附录：方毅写给苏鸿树的信（苏鸿树侄儿提供）

苏鸿树同志：

你今年一月七日的信早已收悉，我因工作繁忙出国，至今才复，请谅！

我自离开厦门后，一直在北方工作，

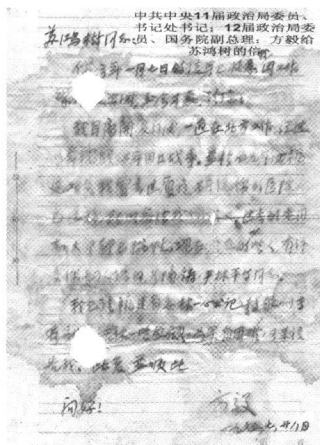

方毅写给苏鸿树的信
（苏鸿树侄儿提供）

经过八年抗战，三年自卫战争。并于四九年回福建工作。我曾去过厦门，听说你的医院已迁移，所以无法找你谈。过去的老同志，大都已牺牲。现在仍在的一些人，有许多你也认识的，如陶铸、尹林平等同志。

我已请福建省委林一心书记转泉州专署就近给你一些照顾。如有困难，可来信告我。此复并顺此问好！

方毅

一九六五，七，廿八日

何斌　与祖国同甘共苦

何斌（1918—1988 年），出生于台北。1943 年，从台北帝国大学（今台湾大学，简称台大）医学部毕业后，留校任助教并在台大附属医院皮肤科担任医生。随后，从临床医生转到台湾省行政长官公署卫生处从事卫生防疫工作。1947 年，"二·二八"事件期间，积极投身于抗议及反对国民党当局残酷镇压的活动之中，组织抗议团体示威游行。同年，加入中国共产党，8 月离开台湾前往祖国大陆。

弃医从政

何斌 1918 年 8 月 16 日出生于台湾台北县七星区士林镇。何斌父亲曾到福建厦门经商，家境殷实，在士林镇有一座二层宅院，此外还有房屋数间，土地若干。

1931 年，何斌小学毕业后考入当时台北最好的中学——台北一中（今为台北市立建国高级中学）。学校中大部分学生都是日本人，仅有个别的台湾人子弟。1936 年，何斌中学毕业后，考入台北高等学校（今为台湾师范大学）理科，1939 年以优异的成绩考入台北帝国大学医学部（今为台湾大学医学院）。大学时代，何斌与同有反日思想的郭琇琮等好友在士林组织了"协志会"，何斌任会长。"协志会"成立之初。为了获得日本殖民当局的许可，是以文化团体申请并获批的。"协志会"主要是组织一些文化展，介绍台湾的乡土文化，组织歌咏会，唱中文歌，演民族戏，以此来宣传和弘扬中华文化，抵制日本的"皇民化"和殖民化。当时，何斌家在士林的二层宅院经常成为进步青年的聚会场所。1939年暑假，何斌独自一人到祖国大陆旅行。当时，正值日本军国主义发动侵华战争，而对殖民地台湾的控制尤其严厉，即对内实行同化政策，对外采取台湾与大陆隔离政策，台湾人赴大陆需要取得"渡航许可"。在这种背景下，何斌独自一人前往大陆，可以说是颇为勇敢的行为。回台后，何斌也积极地向周围的朋友介绍祖国的大好河山和悠久厚重的历史文化。1943年3月，何斌从台北帝国大学医学部毕业后，留校任助教，并在台大附属医院皮肤科担任医生。然而，在亲眼目睹了日本殖民者对台湾人的殖民压迫后，他的民族意识被极大地唤醒，他的头脑里想着的都是大众的疾苦、民族的解放和国家的复兴。他心中有个朴素的想法，就是用所学知识为更多的同胞治病防病。

赴大陆参加解放事业

1945年8月15日，日本宣布无条件投降，随后中国政府宣告"自今日起，台湾及澎湖群岛正式重入中国版图。所有一切土地、人民、政事皆已置于中国主权之下"，10月25日台湾光复。1947年2月28日，台湾爆发"二·二八"起义。起义期间，何斌积极投身于抗议及反对国民党当局残酷镇压的活动中，组织示威游行，帮助传递信息、运送物资。"二·二八"事件后，国民党当局开始清算、逮捕起义民众，血雨腥风笼罩全岛。就是在这样的危难关头，何斌毅然选择加入中国共产党。同年8月，在上级组织的安排下，离开台湾，前往祖国大陆。

抵达上海后，何斌暂住在台湾旅沪同乡会理事长李伟光医生家中。1948年，何斌受命前往大别山，加入中国人民解放军第二野战军。当时，部队中官兵文化程度普遍较低，专业技术人员更是缺乏，很少有从正规医学院毕业的医生。何斌进入二野后，担任了野战军司令部卫生科科长，主要负责刘伯承、邓小平等司令部首长的医疗保障工作。当时，国民党的军队从四面八方围追堵截，天上飞机轰炸，地面大规模追击，几乎天天有战斗。由于白天有飞机轰炸，行军多在夜晚。而山区道路崎岖，何斌又近视，夜晚看不清路，经常磕得鼻青脸肿。后来，他的通信员想到一个办法，手里拿着一根木棍走在前面领路，何斌拿着棍的另一头由其牵着走。一次行军中，遇到敌机空袭，为躲避轰炸机扫射，他们跑到一道山崖边，何斌急中生智跳下山崖，但他身后的马夫迟了一会儿，被敌机炸死了。就是在这样危急险重的环境下，何斌作为一名中国人民解放军军人，作为一名台籍人士融入了解放全中国的革命激流中，跟随刘邓大军经过艰难险阻，最后打出大别山，东渡黄河水，又一路南下打到四川、重庆，迎来了新中国的建立。

无悔付出

在战争年代，何斌作为台胞加入全国解放战争之中，然而在"文革"时期，却因台湾人的身份而备受打击。随着对外开放及台当局开放台湾民众赴大陆探亲、旅游，何斌昔日的亲属好友和同学来到北京看望他。其中有人说他太傻，"当时年轻有为，风流倜傥，在台北很有名气，也是一个人物"，却放着在台湾的好日子不过，到大陆来吃苦，甚至险些丧命。然而，何斌只是淡然一笑，没有丝毫后悔。还有一次，何斌大学校友从美国来看望他，并说自己在美国当教授，有车有房，可你在大陆吃了那么多苦，日子也不宽裕，你不后悔吗？何斌答道：我与祖国同甘共苦！是的，正是有了无数像何斌这样的仁人志士的舍生忘死、前赴后继，有无数这样的"傻子"不计名利、不畏生死，才换来了新中国的诞生，才换来了今天人民大众的和平生活！

1988年3月20日，何斌在北京因突发心脏病，经抢救无效与世长辞，享年70岁。

李乔松　反日斗士

李乔松（1896—1981年），1896年8月19日生于台湾台中县雾峰乡。在日据时期，他坚持反日农民运动和反日侵华战争宣传活动。台湾光复

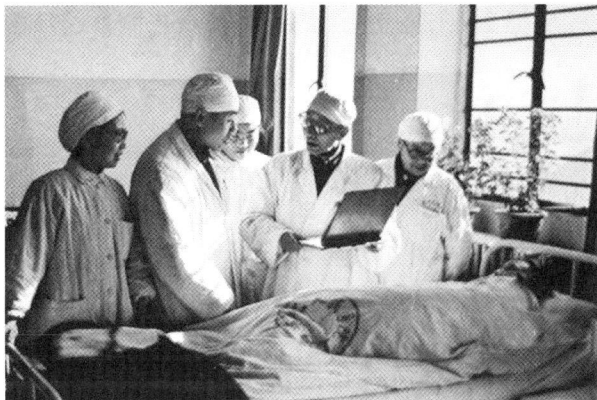

李乔松在上海市第二人民医院参加对疑难病的会诊

后，他积极反对国民党反动统治，在台湾"二·二八"起义后加入中国共产党，坚持在台湾农村进行地下党的活动。1949年4月被迫撤离台湾，来到上海。解放后，他参与了上海台盟的建立。1978年当选为台盟上海市支部副主任委员和全国政协第五届委员会委员。1981年4月14日病逝于上海。

极富正义感的农村少年

1908 年，李乔松的父亲病逝。刚满 12 岁的他便挑起了家庭的重担。当时的李家虽然有一些土地，但因缺乏劳动力，生活并不富裕。少年李乔松被迫离开私塾，在乡村的中药店等地方当童工、店员，后来又到日本制糖公司当常佣工。日本侵占台湾时期，台湾民众饱受了日本殖民统治的压迫、剥削以及差别待遇。1921 年，出于对这种境况的极度不满，李乔松辞去常佣工，与朋友合股开南货店、运输店，并申请开垦荒地三甲多变良田，赚了些钱，生活逐渐稳定下来。在村里，李乔松极富正义感，好打抱不平，敢说话，敢为乡民争权益，被乡民称为敢与日本人"顶桶"的人，很受乡民的拥护和信任，1922 年，李乔松被乡民选为"保正"（即保长），并相继担任了雾峰信用组合理事、乡协议会员、台中州青果同业组合代议员等，为乡民做事，声名也逐渐传播开来。

参与农民运动

1917 年，俄国爆发十月革命。1919 年，中国爆发五四运动。与此同时日本的民主运动和革命活动也都传到台湾。受此形势影响，从 1924 年开始，台中的书店里大量出售马列和三民主义书籍，以及鲁迅、胡适、郁达夫等人的著作。对日本殖民统治极度不满的李乔松看到这些书籍如逢甘露，如饥似渴地进行学习研究。他受到进步思想的影响，开始崇拜马克思、列宁和孙中山，并在"保正"办公室中挂了他们的像。

1925 年，李乔松加入了台湾文化协会。台湾文化协会是 1921 年

10 月 17 日由林献堂、蒋渭水、吴海水、林丽明等人在台北发起成立的，旨在改革台湾社会，灌输民族思想，唤醒民族意识，以摆脱殖民统治，是当时台湾规模最大、影响最广的文化政治组织。加入台湾文化协会后，李乔松参加了新文化运动，听日本进步律师布施辰治、麻生久等人及留学日本的台湾学生回台巡回演讲，等等，从中接受教育，了解了社会情况，后来又受到台湾农民组合运动先锋战士赵港的启发教育和帮助，于 1926 年加入台湾农民组合，并被选为新成立的大屯郡（即区）支部支部长。由此开始，一直承担家庭重任的李乔松便把家务交给了二弟，也辞去了各种公职，积极投身于农民运动，参加反对日本殖民退职官员霸占农民土地，反对日本制糖公司剥削蔗农的斗争，等等。当时，李家的经济状况已经非常拮据，但是李乔松仍坚持让参加农民运动的青年到他家吃住，还出钱资助日本律师来台辩护。

从开始参加农民运动到 1930 年，李乔松共四次被日本警察逮捕，李家也受牵连，被抄家四次。据李乔松之子回忆：

> 儿时的一个深夜，熟睡的我被破门而入翻箱倒柜的日本警察惊醒，看到父亲被打耳光，还同他们吵着，我很害怕，躲在妈妈身边哭起来。父亲厉声喊道："不要哭，不要怕，不怕臭狗（警察）。"

因为多年资助农民运动花掉了大半家产，再加之与人合股的农场经营失败，1933 年李乔松破产，家产被拍卖。1935 年，李乔松被迫筹借资金来到台湾南部的潮州，与人合股租地经营农场，但不幸遭遇旱灾，颗粒无收，负债累累，生活极端困难。这个时候，日本殖民者来拉拢说："不要再和日本人作对，就可给你一些官和地。"李乔松断然拒绝。之后，为维持生计，他经人介绍到台中市的大丰肥料厂当推销员。

抗日宣传活动

从 1937 年 6 月起，驻丰台的日军连续举行军事演习。1937 年 7 月 7 日夜，卢沟桥的日本驻军在未通知中国地方当局的情况下，私自在中国驻军阵地附近举行所谓的"军事演习"，并称有一名日军士兵于演习时失踪，要求进入北平西南的宛平县城（今卢沟桥镇）搜查。中国守军拒绝了这一无理要求。日军向卢沟桥一带开火，向城内的中国守军进攻。中国守军第 29 军 37 师 219 团予以还击。中国全面抗日战争的序幕由此拉开。日本帝国主义为将台湾作为侵华战争的前沿基地，加强了对台湾军事控制。李乔松等反日爱国志士顽强抵抗，奋起进行反战宣传。当日本殖民统治者驱使老百姓欢送"出征军人"（即侵华日军士兵）时，李乔松等就宣传："这是要去打祖国的，不要去送。"当他们搞庆祝日军占领某地游行时，李乔松等就宣传："什么胜利，是杀中国人的，不要去游行。"当他们强迫老百姓捐献金子，捐献飞机大炮时，李乔松等就宣传："不要为他们出力。"当他们驱使台湾青年去当军夫（即侵华日军的民夫）时，李乔松等就宣传："咱们是中国人。不要为他们打祖国卖命。"等等。1938 年，李乔松因此被日本警察抓去审讯，关押了 17 天才放出。日本高等警课即派特务到李家监视，这使得反战宣传活动更加困难，但李乔松并未因此而吓到。

由于生活难于维持，1940 年李乔松一家从家乡搬到了台中市。在台中市，李乔松借钱开了家洗衣店，不久洗衣店难以维持，关张了。家中只靠李乔松之子李韶东当小学教员的薪水和他的临时收入勉强糊口。这个时候，李乔松与从事农民运动的同志杨逵夫妇取得联系，又秘密地开展了抗日反战活动。1941 年日本发动了太平洋战争，为扩充兵源，要台湾青年当"志愿兵"，李乔松就宣传："不要为他们去卖命。"1942年，日本殖民统治者推行所谓的"皇民化运动"，要台湾人改成日本姓名等，李乔松就宣传："咱们台湾人是中国人，不要做对不起中华民族祖先的事。"受父亲的熏陶和感染，李韶东坚决不改姓名，也因此被迫辞去了小学教员的工作，只得另谋他职。

1943年，日本侵略军还在宣传"皇军辉煌胜利"的时候，李乔松对其子李韶东说："日本一定会倒，会打败仗的，你学一点普通话，将来日本人倒了，回祖国做事有用。"在父亲的鼓励下，李韶东向在台中师范学校任教的曹玉波老师学了几个月的北京话，这对他后来到解放区参加革命打下了语言基础。

美机对台湾的轰炸加强了李乔松、杨逵夫妇以及谢富等人反战的决心，他们于1945年组织成立了"焦土会"，秘密对青年学生进行反战宣传活动。

反对国民党反动统治

1945年8月15日，日本战败，宣布无条件投降，台湾重新回归祖国怀抱。台湾的光复令举岛沸腾。无数台湾同胞流下了喜悦激动的泪水。李乔松立即同杨逵先生商量如何团结群众开展工作，又与谢雪红、杨克煌、谢富等人研究决定组织群众团体"台湾人民协会"。谢雪红和杨克煌，从头汴坑赶到台中，与林兑（台共党员）、李乔松（农组成员）、谢富（文协成员）等人联系，发表《告台湾青年书》。据杨克煌回忆：

> 8月25日前后，我们起草了一个《告台湾青年书》的信，先油印十份，寄给各地朋友。信的主要内容是：日本帝国主义在台湾的殖民地统治已告结束，台湾回到祖国的怀抱，中国政府将在台湾施政。台湾人民将不再受日本帝国主

义的压迫，但如果今后我们得不到政治上的民主，我们还要进行斗争。

9月20日，台湾人民协会筹备会成立。9月30日，谢雪红、杨克煌、林兑、李乔松等台湾人民协会筹备会成员发表演讲，呼吁台湾民众"争取实现民主政治，参加台湾人民协会，为民主政治而奋斗"。1945年10月5日，台湾人民协会正式成立，通过《台湾人民协会成立宣言》和《台湾人民协会章程》，谢雪红、杨克煌、林兑、谢富、李乔松、王天强、顾行等人当选为中央委员。该协会以争取民主政治为主旨，并提出"保障人民自由"，"实施八小时工作制"等口号。次日，台湾人民协会召开中央委员会，推选林兑为委员长，谢富为组织部部长，杨克煌为教育部部长，李乔松为宣传部部长等，并决定杨克煌负责编印机关报《人民公报》。该报于1945年10月中旬创刊。继台湾人民协会成立之后，10月下旬又先后组织成立台湾农民协会和台湾总工会筹备会，其目的是团结广大台湾民众，为争取民主权利而斗争。10月下旬至11月初，谢雪红、杨克煌、李乔松等人在各地演讲，向台湾民众宣传人民协会、农民协会的宗旨和组织情况，产生了较大社会反响。就在李乔松积极地为人民协会和农民协会工作的同时，其子李韶东也参加了台湾人民协会的活动，为协会办的《台湾人民报》和杨逵先生创办的《一阳周报》做油印工作。

同年9月3日，国民党成立前进指挥所，派人到台湾。10月25日台湾行政长官陈仪在台北接受日本台湾军司令官安藤利吉的投降，正式接管台湾。不久，国民党接收官员就暴露了其反动本质。贪官污吏横行霸道，欺压百姓无恶不作，激起了台湾人民的极度愤怒与不满。《台湾人民报》因揭露这些罪恶行径，于1946年1月被勒令停刊。

1947年2月27日，国民党军警在台北打死了女烟贩林江迈。2月28日，台北市民罢市、游行请愿，又遭国民党当局的镇压，激起了全省民众的愤怒，爆发了大规模武装暴动。消息传到台中，3月1日，李乔松和谢雪红、杨克煌、谢富等人在台中戏院召开群众大会，声援支持台北市民的斗争。会开到一半，就同愤怒的群众一起分路包围县、市政府，县长官邸，警察局，并收缴了他们的枪支。连续三天，人民武装解除了大部分国民党军武装，缴获了大量武器弹药。但由于"二·二八"起义是各城市自发的战斗，没有统一的组织和指挥，因此未能把各地斗争的成果巩固下来。3月8日，国民党援军在基隆登陆，开始大肆屠杀台湾人民，起义被镇压了。"二·二八"起义失败后，4月29日，李乔松接到谢富通知，要他立即赶到台湾南部左营，与谢雪红、杨克煌一起撤离台湾。但由于路途遥远，时间紧迫，未能赶上集合时间一起撤离台湾。7月2日，李乔松从基隆乘船来到上海的李伟光医院。12月10日，李乔松在上海加入中国共产党。考虑到李乔松的安全，组织上曾要求他到香港工作，但他认为台湾国民党的清乡工作已经有所松动，而他又在中部的大屯、南投、竹山地区拥有扎实的群众基础，可以此做掩护，因此坚决要求回台工作。根据组织意见，李乔松于12月4日从上海回到台湾基隆，并于当夜赶回台中家里。第二天台中的地下党省工委派同志来具体交代任务，要求李乔松秘密地在台中县南部六个地区搞建党工作。接到任务后，李乔松立即到农村开展地下工作。他打扮成中医师住在可靠的农民家里，深入了解情况，发现对象发展组织，到1948年建党组织已有了基础。9月，根据中共台湾省工委指示，成立了台中县工作委员会并积极开展工作。此时，在祖国大陆，解放战争形势迅速发展，国民党为巩固后方，加紧了对台湾的控制。1949年4月15日，根据组织的决定，李乔松撤到上海，住在李伟光医院。这时，上海处于解放前夕，形势紧张，上海组织安排李乔松和其他从台湾来的6名同志于5月9日经吴淞去苏北解放区，但在吴淞被扣押，经疏通才放回上海。在上海大家分散居住，李乔松即作为"病人"在伟光医院"住院"。

上海解放之后

　　1949年5月27日，上海解放。李乔松和从台湾撤到上海的同志20余人，经常在台湾旅沪同乡会集中学习党的政策和时事。不久，大部分同志被送到上海市委党校学习，李乔松因年纪大而留下工作。1949年7月31日，台湾民主自治同盟召开台盟华东总支部成立大会，李伟光任主任委员，李乔松被选为委员，并担任总支部秘书工作。为准备解放台湾接待来往同志，中共华东局台湾工作委员会以台盟华东总支部名义，开办了一个招待所，具体事务都由李乔松负责。抱着对革命的无限热情，李乔松配合李伟光积极团结上海台胞并输送了不少台湾青年参加解放军第三野战军第九兵团的台湾干部训练团。1954年上半年，中共华东局、华东军政委员会撤销，台盟华东总支部也改为台盟上海市支部。李乔松从20世纪20年代就开始从事农民运动，李家也因此多次被日警特高查抄，进步书籍全被抄光。于是从1930年开始，李乔松开始自学中医书籍，并请家乡的中医指点，掌握了一些医务技术，虽无执照，但也治好了不少亲戚朋友。在台盟华东总支部工作期间，他的医术得到很多前来就诊的朋友的认可。组织上为发挥他的特长，1954年8月调李乔松到上海市公费医疗中医门诊所任副所长，后任上海市第五门诊部副主任。李乔松对待病人非常认真体贴，对经济困难的一些病人还给钱买药等，深受病人的称赞和尊敬。11月，李乔松被调到上海第二医院专事中医，虽然当时他已60余岁，但仍不懈地学习研究各朝代名医的著作，大胆细心地治疗各种疑难疾病，得到病人的信任与赞许。

　　在"文化大革命"中，已经70多岁高龄的李乔松虽然受到很大冲击，受到精神上和生活上的折磨，但他依然坚信真理，革命意志丝毫不动摇。1978 年 2 月，李乔松当选为全国政协第五届委员会委员，11 月被选为台盟上海市支部副主任委员。1981 年 4 月 14 日病逝于上海。

李乔松一生热爱祖国，坚持中华民族的高风亮节；追求真理，不屈不挠地与日本殖民统治者和国民党反动派作斗争；出生入死为党工作，全心全意为人民服务；为祖国统一大业和台湾人民的幸福而孜孜不倦、努力工作。这些伟大的品格与作风，值得我们永远崇敬、永远学习！

林栋　远赴太行抗日报国

林栋（1923—　）台湾台南人，17岁离开台湾到日本求学，毕业后直奔祖国大陆抗日第一线。先后到太行山区任八路军野战总部卫生材料厂研究部主任兼技师，接管北平制药厂，主持新中国首批5家医药合资企业谈判。曾任原国家医药管理总局总工程师。

投身抗日报国

林栋，1923年12月17日出生于台南县新化镇，并在那里度过了幼年、少年时代。小学毕业后，考入当时全台仅有的3所招收台籍学生的中学之一——台南二中。

17岁时，林栋离开台湾只身前往日本求学，就读于日本名古屋市立大学药学部。当时，日本侵华战争已经打响，年轻的林栋热血沸腾。自小在殖民统治的民族压迫环境中成长起来的林栋，内心的民族意识和抗日情绪日益高涨。

1943年，林栋谢绝了老师和朋友们要他在日本就业、定居的种种挽留，在毕业典礼结束的当天，就离开了名古屋，带着他一腔报效祖国的热情回到了祖国。

回到大陆后，林栋几经辗转来到了太原，成为山西大学医学部的一名教员。在山西教书期间，林栋结识了陪他走过半个多世纪人生的老伴刘鹏。在他所教授的学生中有地下党员，在与学生的接触中，他也对共产党领导的抗日民主根据地有了更深的了解。远离抗日战场的他不满足于教书的宁静，因此他一边教书维持生活，一边寻找、联系朋友，为奔赴抗日根据地做准备。一年后，他弃教从戎，冲破日寇的封锁，投奔太行山区八路军总司令部，实现了他多年来投身报国的愿望。

到达抗日根据地后，林栋看到虽在敌人的严密封锁下，环境十分恶劣、艰苦，但是由于中国共产党实行了开展人民战争的路线，动员、团结一切力量积极抗日，抗击了侵华日军的百分之六十和伪军的百分之九十五以上。政策开明，官兵、军民团结一致，领导人以身作则，艰苦奋斗，人民享有充分的民主、自由。坚持自力更生，自己动手发展工农业，人民有饭吃，有衣穿，有事做，到处一派生气勃勃的景象。1943年，林栋成为一名地地道道的八路军战士。根据地的环境和生活无疑非常艰苦，到达太行山抗日民主根据地后，起先，在李达将军处当参谋，在钱信忠同志领导的培训医护人员处短时教书。以后，由于日寇的大扫荡及连年的战争创伤，边区缺医少药疾病流行的情况异常严重，于是林栋要求到第一线制药厂工作。

八路军野战总部卫生材料厂（利华药厂），是1939年在总部首长朱德、彭德怀、左权和129师刘伯承、邓小平首长的直接关怀下成立的。为在严酷的持久战争环境中"保存自己，打击敌人"，解决根据地军民的药品供应。所谓八路军药厂，1944年以前，在日寇疯狂的清乡扫荡下，仅是一些由几个人到十几个人组成的分散的制药小分队。随着根据地军民的流动转移，转战在晋东南武乡、襄垣、黎城等县的荒僻的山区。经常是白天生产，晚上带着工具设备转移，同日寇兜圈子。场地一般是借用老百姓的民房，庙宇，而设备，都是一些可拆可装的原始工具，统统装在一两只大木箱里，背起来就可搬家。生产条件极不稳定，非常艰苦。直到1944年，解放区战场取得较大胜利，收复了不少县城，逼迫日伪军后撤，扩大的根据地逐渐连成一片，药厂人员才相聚起来，生产条件才稍得改善。

1945年初，林栋到药厂任研究部主任兼技师。利华药厂从武、黎两县交界龙洞沟高山上迁到山下黎城县的北委泉村，在当地招收了10余名高小毕业的军工学员，在村中借了两个民房院落和庙房戏台，共约20间房，人数达40人左右。制药的设备，除从日寇军医院缴获的1台单冲式压片机（原为手动，后改装为脚踏式）外，其余都是靠自己解决。锅、碗、瓢、盆、大缸、石碾、竹筛、火炕等农村家庭用具是生产的主要工具。完全靠人力，无一机动设备。原料，除极小部分从敌人手中缴获和从敌占区购买外，都是依靠当地的中草药和矿产资源加工提炼。在这样艰苦的生产条件下，每生产一种产品都要花费很大的心血和工作。但是与此同时，大家的工作又是非常愉快的，无论将军、干部或是普通战士，人人都抱定一个坚定的信念，为打败日本侵略者而战。一次，前线急需医用酒精，而药厂既无设备，又无原料。林栋本人在日本也是学药物学的，对制药的机械设备一窍不通，于是只能一边学一边干，从安置设备的厂房设计，到民间的制酒工艺，到酒精蒸馏器的设计，以至到药品的玻璃瓶的设计制造，最后到产品说明书的石刻印刷等各个环节，都是从头学起，自力更生解决。在制造酒精蒸馏塔时，缺少铜料，老百姓闻之后，纷纷捐献自己家中保存的铜币、铜板。由村子里的铜匠师傅化铸成锭，再用手工敲打成薄铜板，经焊接、挂锡后成型。就在如此原始的条件下，林栋等人生产出了供前线急需的药用酒精，再以酒精洗蜂蜜的土办法，生产出了自制的药用葡萄糖。抗战期间，我们药厂就是用这些土办法、土设备，军民同心，生产了供前线战士使用的针、片、散、丸、脱脂棉、药布等大量战时医药用品。用土黄连、大黄、黄芩为主剂的消炎三黄片；用中药远志、橘梗制成的止咳片；用土碱制成的小苏打；用石灰制成的各种钙盐；用土硫磺制成的升华硫磺；提取鸦片制成的吗啡、可待因，以及解热镇痛的柴胡注射剂等50多种。就是这些看上去有些"土"的药品，对抗日战场上流血受伤的将士们和饱受病痛折磨的边区百姓发挥了重要作用。

心系制药发展

1949年，年仅26岁的林栋被委派接管日本人留下的北平制药厂，即今天的双鹤药业前身。林栋把太行山区制药厂的40多名战友也带到北平，共同开启了新中国的制药事业。那个时候，北平刚刚和平解放，社会秩序尚未完全稳定，一些别有用心的私商到处散布谣言，说土八路只会打仗种地，根本不会办工厂，加上当时国内制药业极其落后，全厂的设备仅有1个立式小锅炉、2台单冲压片机和2个残缺不全的煮棉锅。面对重重困难，林栋和战友们一日三餐吃着高粱米和小米粥，每月拿的工资只有100斤小米。然而，他们没有被困难吓倒，相反地发扬太行山的优良革命传统和作风，短短两个月就使得工厂开工生产，实现了由战争到和平、由军用到民用、由农村到城市的一次大转变。此时的药厂也已初具规模，1953年1月，药厂更名为北京市制药厂。此后，林栋一直担任副厂长兼总技师、总工程师的职务。在林栋任职期间，北京制药厂有了很大发展，成为北京市的利税大户，朱德同志曾三次视察工厂，并题词：提高质量，增加品种，中西药结合，更好地为人民健康服务。

1956 年，林栋被评为国家一级工程师，享受每月 316 元的工资待遇。"316 元"在当时属于高收入。为此，林栋常常感到不安，一次开会时，他找到时任北京市长的彭真，要求降低工资标准。彭真说，你是专家，享受高薪理所应当。请求遭到拒绝，但林栋并不死心，又找到当年在太行山八路军总部的老领导朱德总司令，软磨硬泡最终将工资从 316 元降为 262 元。而此事也成为"文革"中他的一个"罪证"：对党严重不满。后来，在一次采访中，林栋告诉记者，当年回到祖国一心想抗日，解放后又做的是自己的本行，只是做了自己应该做的工作，拿着这么多工资实在不忍。

1964 年，林栋被调到北京市化工局。半年后，又被借调到当时化工部组织的医药"托拉斯"工作。新中国成立初期，医药管理处于多头分散和多变的状态之中。这样的体制无法做到统筹规划，协调步调，造成产、供、销之间的矛盾难以解决；同时，由于权力分散，中药、西药和医疗器械在各部门都摆不上重要位置，得不到应有的重视，中央直接管理较多，统得过死，抑制了地方和企业的积极性。于是，从 1963 年到 1964 年，国家进行了第一次整顿，114 家药厂被关、停、并、转，由此开始了建立托拉斯的初步尝试。林栋在工作中主要是负责接管企业和搞行业规划。不久后，"文革"席卷全国，这位土生土长的台湾人，和许多台籍前辈一样经历了"文革"的暴风骤雨，扫厕所、打泥坯……林栋在河南"干校"度过了漫长的 7 年流放生活。即使这样，天性幽默、开朗的他依然不忘老本行："我这学药的懂得调配，调料搭配胜人一筹，下放时炒菜手艺是出了名的。"以至下厨房炒菜成了林栋的"专业"。

1972 年国庆节前，林栋结束了下放生活，重新回到了北京，被调到化工部设计院任规划组组长，参与了北京等地 30 万吨乙烯等项目的规划工作；还曾带团参加在英国举行的世界化学大会；1975 年奉派参加石油化工代表团，访问美国 40 余天，考察美国的石油化工企业。

参与医药合资谈判

1978 年，国家医药管理总局成立。次年 1 月，林栋被调往医药管理总局外事局工作。此时，中国改革开放刚刚推行。林栋由于曾留学日本，精通日文，一些重点项目的谈判便理所当然地成为了主角。10月，他开始与日本大冢公司接触。与此同时，与瑞典的医药合资谈判也开始了。每次谈判结束后，林栋和同事们都到外商投资管理委员会汇报进展情况。当时《合资法》尚未出台。为吸引外资，中央提出外方股份不低于 25%。但对上限没有明确要求。实际谈判中，外方总是要求提高股份比例，对企业绝对控股。林栋认为，各自 50% 的股权比例是谈判底线，因为当时的国有资产的管理涉及国家主权问题；在中国土地建厂，应由中方担任董事长；工厂产品要有一定出口比例，以取得外汇平衡。后来在次年出台的《合资法》也沿袭了这种思路。

尽管他不断地强调，引进第一家医药合资企业，只是奉命而行，国家有关部门的领导在政策上把关。但是，当他从杭州西泠山考察下山时，不慎摔断了腿骨，正在进行中的中国与日本大冢公司的谈判不得不搁浅半年，没人敢接手在当时还有争议的合资谈判。

同事这样评价林栋：这是位敢"顶雷"做事的人。可林栋说："只是别人不敢谈，我敢谈罢了。"他的语气轻轻巧巧，似乎在叙述一件再平常不过的小事，而 20 多年后的事实证明，引进医药合资企业，对推进我国医药事业发展起到了决定性的作用。

1980 年 8 月 2 日，在北京举行的中国大冢制药有限公司成立合同签字仪式上，林栋和大冢明彦分别代表中日双方签署了《合资经营中国大冢制药有限公司合同书》、《技术合作合同》和《中国大冢制药有限公司章程》三份文件，林栋担任董事长，直至 2001 年退任为顾问。

之后，中国大冢、上海施贵宝、西安杨森、苏州胶囊等最早进入中国的医药合资企业，都在林栋的主持或参与谈判下顺利建厂投产，而这些企业几十年来的稳健发展，也成为国内医药企业学习的典范。

这就是林栋，一个中国医药事业的功臣，一个有着浓浓爱国情结的人。从投奔太行山区八路军总司令部，到接管日本人留下的北平制药厂，到主持最初几家医药合资企业谈判，他把一生贡献给了中国的医药事业。

林木顺　台共早期创始人

林木顺（1904—1934 年），台湾共产党的领导人之一。出生于南投小半山，后迁居草鞋墩月眉厝 363 番地（今南投县草屯镇）。1922 年就读台北师范学校（今国立台

台共领导人谢雪红（前排右二）、林木顺（后排右一）赴莫斯科留学前留影（1925 年，上海）

北教育大学），1924 年遭退学，便前往上海；1925 年年底到达苏联莫斯科学习。在第三国际的指导下，林木顺被赋予筹建台湾无产阶级政党的工作，从此正式与日本共产党领导者建立密切的关系。1928 年 4 月 15 日，台湾共产党建党大会在上海召开，林木顺成为主要领导人之一，获选为党书记长，并负责党的组织工作，手拟台湾共产党《政治大纲》与有关劳工运动、农民运动的对策，日后并将"台湾民族"、"台湾革命"、"台湾独立"的概念引进台湾，影响台湾政治运动的发展。日本警察在 1931 年于上海展开对台湾左翼人士的大逮捕，林木顺成功逃脱，并于 1932 年由上海进入中央苏区参加红军。1934 年，在瑞金的中央苏区保卫战中壮烈牺牲。

赴祖国大陆参加反帝爱国运动

1924 年 4 月，因带领学生罢课而被台北师范学校开除的林木顺回到祖国大陆，在这次航程的轮船上与谢雪红结识。抵达上海后，目睹中国人在自己的土地上被外国人欺辱的怪现状，知道中国被迫签订的许多不平等条约，激发他们的民族义愤，使他们产生为革命而学习的思想，并参加祖国大陆同胞举行的反对帝国主义侵略的爱国运动。

1925 年，林木顺在杭州一中念书。同年 4 月，谢雪红再赴祖国大陆，为躲避日警的注意，谢雪红到杭州后化名谢飞英。林木顺在杭州结识国民党浙江省党部负责人黄中美，黄中美还有一个身份是中共党员。当时正值第一次国共合作时期，中共党员可以个人身份加入国民党。谢雪红到杭州后，与林木顺住进国民党浙江省党部。当时的国民党浙江省党部工作人员，几乎都是中共党员。

"五卅运动"爆发后，受谢雪红委托，林木顺、陈其昌以谢飞英名义写信给浙江某报，呼吁祖国大陆同胞毋忘台湾："爱国同胞们！岂不是把台湾忘掉了吗？为什么只提出收回租界、收回海关、收回领事裁判权、收回一切不平等条约，而却没有提到要收回台湾啊？"谢雪红、林木顺等人提出"收复台湾"的口号，得到祖国大陆同胞的热烈响应。第二天，报纸就以《不忘，不忘，不忘》的大字标题作出回应。此后，无论是报刊，还是传单、壁报等，都增加"收回台湾"的口号。

1925 年 6 月，谢雪红与林木顺等人一起参加共产主义青年团。1925 年 9 月，谢雪红、林木顺在中共上海党组织安排下进入上海大学社会学系学习。上海大学是中共和国民党左派联合创办的培养进步青年的学校，有很多台籍进步青年曾经在那里学习，如翁泽生、许乃昌、潘钦信、蔡孝乾、洪朝宗等，这些人日后成为台湾共产党的骨干。

赴苏联学习

1925 年年底，中共派谢雪红和林木顺赴苏联莫斯科东方共产主义劳动大学（简称东方大学）学习。谢雪红回忆：

> 1925 年 10 月间，黄中美同时向我、林木顺和林仲梓（1925 年年底回台后病逝）三人宣布党命令我们赴苏联莫斯科"东方大学"学习；他说党派我们赴苏学习是为了培养干部，考虑将来帮助台湾的同志在台湾建党。

1925 年 11 月 20 日，谢雪红、林木顺等人启程离开上海，1925 年 12 月 18 日抵莫斯科。

刚到东方大学时，谢雪红和林木顺被分在中国班。一星期后，共产国际通知谢雪红和林木顺转到日本班学习。谢雪红回忆：

> 第三国际决定叫我和林木顺转到日本班……听片山潜同志说第三国际考虑到我们以后的任务是要回台湾建党，又因当时台湾是日本帝国主义统治下的殖民地，因此第三国际决定把我们转到日本班学习，对以后筹备建党方便……台湾经济、政治体系属于日本，我们转去日本班学习较妥当。

共产国际认为当时台湾是受日本殖民统治，开展台湾的革命工作，需要与日共取得密切联系，在日本班学习可以加强与日共的联系，有利于以后回处于日本殖民统治下的台湾建党。当时全世界无产阶级革命，都是在共产国际的领导下开展的。因此中共服从也同意共产国际让谢雪红和林木顺转到日本班学习的决定。

共产国际委员片山潜是日本最早的共产主义者之一，也是日本共产党的缔造者之一。片山潜将山川均的著作《日本帝国主义铁蹄下的台湾》送给谢雪红，并订阅《台湾日日新闻》，以供谢雪红、林木顺参考，叮嘱他们注意收集台湾资料，以备日后在台湾建党之需。1927年9月初，谢雪红和林木顺参加东方大学毕业联欢会。1927年10月，片山潜正式代表共产国际，到东方大学向谢、林二人传达回台湾建党的决定。谢雪红回忆：

> 他说："共产国际决定命谢飞英、林木顺回国，组织台湾共产党，由谢飞英负责，林木顺协助。""台共"的组织工作由日共中央负责指导和协助，这个任务已委托给来莫斯科开会的日共中央代表团了。台湾是日本帝国主义的殖民地，日本本国的无产阶级应该协助殖民地台湾的革命运动。由于目前许多情况还搞不清楚，台共组织成立后暂时作为"日本共产党台湾民族支部"，透过日共中央间接接受共产国际的领导，待将来才接受共产国际的直接领导。台共建党的基层人员，可找一些参加中共党和日共党的台籍党员来作骨干，可要求两党的组织介绍各该党的台湾籍党员；党成立后，谢飞英和林木顺两人要去日本东京，在日共中央的领导下进行工作。

当时共产国际注意到处于日本殖民统治下的台湾革命问题，认为日本工人阶级有责任援助殖民地人民的民族解放，共产国际明确指出台湾共产党的组织工作由日共中央负责指导和协助，台共组织暂时定名为"日本共产党台湾民族支部"。日共领导人片山潜与渡边政之辅认为谢雪红、林木顺回国后，可以中共和日共的台籍党员作为在台湾建党的基础。

参与筹建台湾共产党

1927年10月，谢雪红、林木顺带着共产国际的重要任务——组建台湾共产党——启程回国。1927 年 11 月 13 日，谢雪红、林木顺抵达上海。随后，谢雪红、林木顺、翁泽生一道共商在台湾发展党的组织，具体分工：由林木顺、谢雪红去日本同日共联系，由翁泽生在上海同中共中央联系，并负责联络在祖国大陆和台湾的共产党员。他们还一起组建上海台湾青年读书会，为筹组台湾共产党培养人才，由翁泽生负责读书会的工作。1927 年 11 月底，在翁泽生的组织下，上海台湾青年读书会在闸北天庵源里成立，12 月底读书会会址迁至闸北宝山路协兴里 107 号，并在闸北青云路天授里 20 号设联络点。读书会表面上是研究社会科学，学习汉语，实则是研究马列主义、社会主义思想。据日警档案记载：

> 台湾共产党的组织者林木顺、谢氏阿女等人自莫斯科返沪后，即与中国共产党员、当时正在指导上海台湾学生联合会左倾的翁泽生合拢起来，由翁泽生招集台湾学生联合会的左倾进步学生江水得、杨金泉、林松水、刘守鸿、张茂良、陈粗皮、陈氏美玉、黄和气等人，表面目的称为研究社会科学及学习中国语，实则作为台湾共产党结党准备行动，从事党员的养成和训练。

1927 年 11 月 17 日林木顺赴日，谢雪红随后于 12 月上旬赴日。在东京期间，谢雪红与林木顺参考日共与中共的文件，开始草拟台共的总纲领及救援会、工人运动、农民运动、青年运动、妇女运动等提纲，并交日共中央审查。此外，日共中央介绍由上海抵东京着手台共筹建工作的林木顺与苏新接上关系。苏新回忆：

> 他询问了一些有关"台湾社会科学研究会"和东京台湾人学生的情况之后，和我商量，选择几个比较积极的、水平较高的台湾同学，组织"马克思主义小组"，准备参加"台湾共产党"的建党工作。我们选择陈来旺（成城学院）、林添进

（日本大学）、何火炎（早稻田大学）和我及那个同志组织了一个小组，名为"马克思主义小组"，由那个同志负责领导。（后来才知道那个同志就是旧台共书记林木顺。1928年夏天他再来过东京一次，以后就没有再见过他。据说，后来在瑞金方面的战斗中牺牲。）

1928年2月，我们派陈来旺跟林木顺到上海，参加台湾共产党的成立大会。陈来旺同志于同年七八月回来东京以后，这个"马克思主义小组"就变成了"日本共产党台湾民族支部东京特别支部"，除了何火炎以外，其他三人都参加，正式成为共产党员，以后又再吸收了一二个人。这个支部是直接接受中共中央的领导，和台湾共产党在台湾的领导机构没有直接的领导关系。

1928年1月底，谢雪红和林木顺等人，带着日共的指示及筹备成立台共文件回上海后。同年2月，林木顺等7人在翁泽生住址开会，决定先成立台共预备会，分头起草《政治纲领》、《青年运动方针》、《工农运动方针》、《妇女运动方针》、《赤色互济会的方针》等文件。3月，谢雪红、林木顺、翁泽生等人组成建党筹备委员会。因当时日本共产党在本国遭到极大破坏，便委托中国共产党负责指导台湾共产党的筹备和创立。

4月13日，在中共代表彭荣建议下召开"台湾共产主义者积极分子大会"，作为台共建党的预备会议，林木顺、谢雪红、翁泽生、陈来旺、林日高、潘钦信、谢玉娟及三位上海台湾青年读书会积极分子张茂良、刘守鸿、杨金泉等11人参加，选定建党日为4月15日。

4月15日，台湾共产党（日本共产党台湾民族支部）在上海霞飞路（今淮海中路）横通里金神父（后称金神父路，今称瑞金路）一家照相馆楼上宣告成立。出席者为中共代表彭荣、朝鲜共产党代表吕运亨，以及林木顺、谢雪红、翁泽生、陈来旺、林日高、潘钦信、张茂良等人。林木顺在会上作筹备建党经过情形的报告，他强调台共的成立对台湾的革命局势具有重要意义。之后，谢雪红当选为会议主席。彭荣在致词中分析五四运动以来中国无产阶级革命运动，重点分析国共从联合到分裂阶段的革命运动，他呼吁同志们要警惕对资产阶级的妥协。翁泽生在会中宣读由他起草的《青年运动提纲》等。翁泽生提出党的中央委员名额应该留给能回台湾领导工作的代表。会议选举林木顺、林日高、蔡孝乾（缺席）、洪朝宗（缺席）、庄春火（缺席）为中央委员，谢雪红、翁泽生当选候补中央委员。林木顺当选为书记。

4月20日，台共中委再次开会，讨论台共建党宣言，草拟感谢中共给予协助的信函，强调台湾人对中共的支持及指导台共建党活动表示感谢，并希望未来能继续获得这种支持。会中首先推选林木顺为中央委员会委员长；候补中委翁泽生留驻上海，负责与中共的联系工作；谢雪红派驻东京，负责与日共的联系工作；陈来旺负责台湾共产党东京特别支部。

台共纲领主张台湾的无产阶级联合农民，将民族革命转为社会革命，"台湾民族革命是社会主义革命的先决条件"，在社会主义革命来临前台湾人民必将推翻帝国主义，赢得台湾独立。台共提出的口号是打倒总督专制，台湾独立万岁，建设台湾共和国，争取七小时劳动等。当时台湾是日本的殖民地，只有台湾获得解放，才能回到祖国怀抱。正是基于这样的考虑，中共并没有对台共政治纲领所提出的"台湾独立"表示反对。无论是从谢雪红、林木顺、翁泽生等台湾共产党创建者的革命道路来看，还是从当年台湾共产党的大多数参加新中国的建设来看，乃至从在台湾岛内及海外的绝大多数老台共的政治主张来看，都十分鲜明地表达推翻日本殖民统治，坚决反对把台湾从祖国分裂出去的政治态度。

4月25日，台共成立仅仅10天，谢雪红等台共党员因上海读书会事件，在谢雪红住所被日本便衣警察逮捕，藏在住所的党的文件也被发现。上海读书会事件，使在中共中央指导下成立仅10天的台共组织遭到破坏。此事起因于上海台湾青年读书会声援朝鲜共产党的抗日活动被日警侦查。1928年3月1日，读书会参加朝鲜革命志士在法租界举行的"三·一纪念会"活动，纪念1919年在朝鲜发动的民族解放运动，并发表抗日宣言。随后日警截获署名"全台湾总督府独裁政治打倒大会"的传单，以这份声援朝鲜抗日活动的传单为线索，展开对读书会的大检举。据日警档案记载：

> 由"全台湾总督府独裁政治打倒大会"具名的文件，被上海总领事馆警察署截获。随后该署暗中注意他们的行动……同时获得台湾共产主义者林木顺等频频聚会协议，似乎正在进行组织某种秘密结社的情报。经由内部侦察结果，决定加以全面检举，遂于昭和三年（1928年）三月十二日、同月三十一日及四月二十五日前后三次，将嫌疑犯共九名予以检举。第三次即四月二十五日的检举时，在法租界辣斐德路三八九号居室内，发现台湾共产党的秘密文书（结党大会议事录，大会宣言，政治、组织两项纲领，其他各部门之运动纲领），至此台湾共产党组党的事实，已昭然若揭。

3月12日，驻上海的日警搜捕租界外闸北青云路天授里20号、宝山路协兴里107号（读书会），逮捕江水得、黄和气、陈氏美玉、翁泽生及其他读书会成员及时搬家而得以脱险。读书会会址因此迁至法租界辣斐德路389号。3月31日，日警搜捕共同租界昆山路婴童花园，陈粗皮被逮捕。4月25日，日警搜捕法租界辣斐德路389号，逮捕谢雪红、张茂良、杨金泉、林松水（其兄林木顺）、刘守鸿。连续三次搜捕，使读书会遭到破坏，台共成立的秘密文件被暴露，台共的预定计划被破坏。当时，日警尚不清楚读书会与台共的关系。

1928 年 9 月 23 日，林木顺、陈来旺、林兑和林添进组成日本共产党台湾民族支部东京特别支部，任命陈来旺为负责人。

参与组织"六·一七"反日斗争

在中共的领导下，许多台籍志士加入东方被压迫民族反帝同盟、上海反帝大同盟等组织，他们举行的"六·一七"反日斗争成为上海反帝爱国运动的一个重要组成部分。

1929 年 6 月初，林木顺、翁泽生根据中共江苏省委指示，策划组织在沪台湾学生开展反对"六·一七始政纪念日"活动，使台湾学生融入正在蓬勃开展的上海反帝爱国运动中。林木顺、翁泽生，以及上海台湾学生联合会的刘照明、林延年、蒋丽金等五人组成筹备会，对抗日游行活动和文艺演出等各项工作进行安排。这次反抗日本殖民统治的爱国活动，以上海台湾学生联合会为主体，并邀请上海工联会、上海学联以及朝鲜在沪革命团体参加。

6 月 10 日，林木顺、翁泽生等人在大夏大学（该校学生的共产主义活动十分活跃），召开上海台湾学生联合会代表大会，通报"六·一七"反日斗争活动安排及筹备进展情况，动员与会者积极宣传，扩大活动的影响范围。

6 月 17 日，林木顺、翁泽生领导的"六·一七"反日斗争如期举行。上海青年反帝同盟（简称"青反"，成立于 1929 年 6 月 16 日，在中共指导下开展活动）及所属的 70 多个社会团体派代表参加活动，声援台湾同胞的抗日斗争，并散发题为《六·一七纪念告民众书》的传单。

"六·一七"反日斗争吸引了许多在沪的台湾青年参加，林木顺和翁泽生采纳活动总结会上，关于组织固定的台湾人团体参加反帝爱国运动的建议，遂于 1929 年 6 月底成立上海台湾青年团。翁泽生和林木顺等人组建该团体，不仅团结台湾青年积极参加祖国大陆的反帝爱国运动，亦为台湾抗日革命运动培养人才。

1931 年 4 月，在林木顺、翁泽生的主导下，上海台湾青年团更名为上海台湾反帝同盟，机关报《青年战士》改为《反帝报》，使其反帝爱国运动性质更加明确，在上海的反帝斗争中发挥了积极而重要的作用。

1931 年，日本警察在上海展开对台湾左翼人士的大逮捕，林木顺成功逃脱，并于 1932 年由上海进入中央苏区参加红军。1934 年，在瑞金的中央苏区保卫战中壮烈牺牲。

沈扶 从台北到延安的革命志士

沈扶（1913—1991 年），又名王文庶，台湾台北人。擅长油画，1936 年毕业于上海新华艺专西画系，1938 年在延安鲁迅艺术学院（简称"鲁艺"）美术系学习。曾任大连市文化局副局长，中国美术家协会辽宁分会主席，中国美术家协会第三届常务理事，台盟总部副秘书长。

奔赴延安

沈扶，又名王文庶，1913 年 10 月出生于台湾台北。1923 年，沈扶上小学时，日本已统治台湾 28 年。这时候，日本学童还叫台湾人为"チヤンコロ"（清国奴）！开始听到这样的话，沈扶和同学们很惊讶，但不甚了解，后才慢慢知道，他们的意思是说，台湾人是满洲人的奴才。这是日本小孩从他的父兄那里，或者是从他们的邻里听来的，并用以嘲弄和侮辱台湾人。这种侮辱性的话语在沈扶幼小的心灵里打下深深的烙印。也是从那时起，沈扶暗暗下定决心，盼望着有朝一日，能够回到唐山祖家，并对伟大的祖国产生了无限的憧憬和神往。1930 年，沈扶 17 岁时，全家人经过反复考虑，决定回祖国大陆定居。其中，主要的原因是父母不甘于沈扶及其兄在台湾受日人的奴化教育，更是为了满足兄弟俩对祖国大陆的迫切向往。1932 年，在鼓浪屿英华中学念书时，沈扶参加了中共外围组织——中国革命互济会。后转入上海新华艺专、厦门美专读书，并曾在苏州美专攻读研究生课程。1936 年毕业于上海新华艺专西画系。

那时的祖国大陆，正是内忧外患，灾难深重，日本疯狂侵略中国的年代。1931 年 9 月 18 日，日军侵略东北占领辽宁、吉林、黑龙江三省和内蒙古东部；1932 年 3 月 1 日，日本一手策划的伪满州国成立，民族危机深重，民怨沸腾，全国震动。1937 年 7 月 7 日，日本帝国主义发动全面进攻中国的卢沟桥事变。同年 11 月 11 日，日军占领上海南市。在亲眼目睹日本侵略军的战火，已把母校和邻近的纺织厂、居民点炸成一片熊熊的火海时，沈扶对祖国大陆"诗一样美好"的憧憬破灭了。沈扶深深地感受到和家乡台湾一样，祖国大陆也处在日寇的铁蹄之下。此时，胸中的怒火和这大地的火一起在燃烧。没有任何可思考可选择的了。抗日去！到共产党领导的抗日根据地去！于是沈扶毅然决定投军从戎。1938 年 7 月，他与李焕之、朱茂泽等人，一起经广州、西安，奔赴抗日根据地——延安，进入延安鲁迅艺术学院（简称"鲁艺"），编入第二期美术系学习。"鲁艺"是延安唯一的文学、艺术最高学府。她依山傍水，延河水流清澈见底。当时，和沈扶一起进入"鲁艺"的同学，大多数是毕业于上海、杭州、南京专科学校的学生，他们怀着共同的革命理想，经长途跋涉，满腔热情到延安这个革命圣地来参加革命。在那里，他们结下了深厚的兄弟情谊、同窗情谊。同年沈扶加入中国共产党。此后，先后在中共中央党训班、延安抗日军政大学学习。

对日工作

随着抗日战争的深入发展，根据地的对日工作部门急需日语干部。1939年起，沈扶被调到第18集团军总政治部的对日工作部门工作，从事研究日本有关资料和翻译工作，同时兼做管理教育从前线送来的日本战俘的工作。

当时放弃一心热爱的美术工作，离开刚刚熟悉的"鲁艺"的师生战友们，沈扶心里有很多不舍。此外，沈扶因为出生于深受日本殖民奴役的台湾，对日本人有着一种本能的厌恶，开始做这一工作时有点想不通。通过理论和中国共产党对日俘虏政策的学习，以及大量的实际接触工作，沈扶逐步认识到这一工作的重要意义，它是教育战俘，团结日本人民，彻底战胜日本帝国主义的重要组成部分。据沈扶回忆，当时一个日本士兵把自己的手指砍下来，寄给日本的亲人，以表示对战争的厌恶和反抗。还有一战俘，通过中共对日俘虏政策的教育深为感动，取出随身珍藏的一纪念物，是用他母亲和妻子修长的头发编织的一对黑色和白色的乌龟，紧紧编织在一起，表现出日本人民渴望生活，不愿自己的丈夫、儿子参加战争侵略中国的美好心愿。通过抗日根据地的大量对日工作，在日本人民中产生一定影响。许多日俘转变了立场，投身于反战斗争行列。1939年10月，沈扶奉总政治部主任谭政同志命令，解送一批日俘去西安。抵达西安行营时，许多战俘泪流满面，依依不舍，纷纷表示要为反战，早日结束不义的战争而工作。

除战俘工作外，沈扶还开展了对日资料研究工作，主要是分析研究第二次世界大战中各主要战场的政治、军事、经济形势。在一定时间内，确定研究题目，提出研究报告，经充分讨论后，提交有关部门参考，许多研究结果在当时的延安《解放日报》发表。在此期间，他还兼做对日工作部门的顾问林哲（野坂参三）同志的翻译工作。在林哲任顾问期间，对日工作的开展是很有声色的，在整个根据地的对日工作中发挥了重要的作用。

1942年，沈扶被派至中共中央海安训练班学习并工作。抗战胜利后，被派往当时被国民党军队包围的辽南地区工作，历任大连市政府日侨科副科长、关东公署农林厅秘书科长、关东技术研究会秘书长、大连市工业局技研所秘书长、旅大试验农场副场长、旅大市中苏友协秘书长等职务。在此期间，沈扶加入台盟，参与了台盟旅大特别支部的筹建工作和盟务工作，之后还担任了台盟总部副秘书长，台盟总部顾问。1954年，被调往最高检察院东北工作团任办公室副主任，参加了对日战犯的查审工作。1957年后任大连市文化局副局长、辽宁省文联秘书长兼省美协、摄影学会分会主席、党组书记。1991年7月25日病逝，终年78岁。

吴思汉 传奇一生的台湾早期共产党人

吴思汉（1923—1950 年），一个生命定格于 27 岁的台湾青年，一个台湾白色恐怖时期的政治受难者。半个多世纪前，只身跋涉千里，克服重重困难，回到祖国参加抗战。其人原名吴调和，台南白河人，1923 年出生。1943 年 7 月台北高校毕业，10 月从台湾跨级考入日本京都帝国大学读医学。1944 年，穿越朝鲜半岛，过鸭绿江，潜入东北、华北沦陷区，再突破前线封锁，深入内地，抵达当时国民政府所在地重庆参与抗战。

中学时期的吴思汉与弟弟的合影

寻找祖国三千里

吴思汉，原名吴调和，台南白河人，1923 年出生。1943 年 7 月台北高校毕业，10月从台湾跨级考入日本京都帝国大学读医学。忙于经商的父亲为长子备感骄傲，孰不知他因为不满日本殖民统治，早就下定决心"大学毕业后，以技术者的身份回归祖国"。入学不到一年，吴思汉就毅然放弃京都帝国大学的学业，实施自己的回国计划。1944年，还不到20岁的吴思汉，踏上开往下关的火车，准备从下关换乘渡轮赴釜山。他穿越朝鲜半岛，过鸭绿江，潜入东北、华北沦陷区，再突破前线封锁，深入内地，大半年后，终于抵达当时国民政府所在地重庆。时任《大公报》记者的李纯青，回忆初抵重庆时的吴思汉："他衣衫好几处窟窿，露出黝黑的肌肤。"尽管如此，"他是如此斯文，眉目清朗，风度倜傥，说起话来有条不紊，明察事理。"

吴思汉一路的经历颇为坎坷，在去山海关的途中，被日籍检查员查扣，没收了作为旅费的药品；因为经济困窘，被迫在天津找了一份工作暂时糊口；找不到去重庆的路，苦闷中，考入了北京大学；在河南，饥寒交迫时卖掉大衣；终于进入抗战区，却被当作日本间谍监禁起来……这个说着生硬普通话的台湾青年，一会儿被日本人追查，一会儿被同胞怀疑。

在那个年代里，台湾同胞由于历史原因和所处的环境要奔回大陆参加抗日，比在大陆的青年艰难、危险得多。他们从日本、新加坡、菲律宾、印尼等地，漂洋过海，通过封锁线跋涉几千里才能到达延安等解放区或大后方重庆等。

另外就是语言上的困难。这些台湾青年长期读日本书，绝大多数都不会讲普通话，他们只能通过手势表示参加抗日的要求，因而常常被怀疑为日本特务。

据说国民党特务机关怀疑吴思汉是日本派来的间谍，想找个堂皇的理由把他除掉。说他的那条腿短了一些；说台湾人的眼睛应该滚圆，而这个人却有点像丹凤眼；说他讲的普通话没有闽南话的音素和惯腔，这是受过特别训练的。总之，他不像台湾人……

当时太平洋海战方酣，美军反攻已到菲律宾，雷伊泰一战胜利，听说下一步准备在台湾登陆。国民党军方已与美军驻华机构接头停当，要用美军飞机把这位台湾青年投落台湾，叫他与阿里山的抗日游击队联系，以配合美军登陆作战。实际上，国民党也知道，阿里山是没有抗日游击队的。其结果，将是用日本人之刀，杀台湾的抗日分子。

"一关比一关难越，其曲折惊险，有如希腊神话英雄尤里西斯还乡记。"李纯青因而感叹，"每个台湾人寻找祖国的经历，都是一部千万行的叙事诗。"当然，后来由于美军没有在台湾登陆，日本已经无条件投降，他幸运地活了下来。

无悔追求新民主主义

1945年"八·一五"日本投降，台湾光复。饱受日本帝国主义侵略之苦50年的台湾人民，盼望台湾回归祖国，能够做一等公民，过上幸福生活。光复之初，台湾万人空巷，通宵达旦，欢庆回到祖国怀抱。吴思汉来到台北当了记者，而后又转赴上海。

1947年，台湾人民爆发"二·二八"起义。这是一次民主自治运动，其主要要求是进行政治改革，铲除国民党的专政和贪污腐败，实行地方自治。它的性质和当时祖国大陆国统区发生的大小"民变"一样，是官逼民反，反抗国民党的暴政，只是其激烈程度和规模之大远远超过其他省份而已。

"二·二八"起义前的1946年6月，中共台湾地下组织即中共台湾省工作委员会，正式在台湾建立组织系统。到"二·二八"时，全省只有党员70多名。"二·二八"这一突发事件发生前，台湾地下党完全不知道，也不可能知道。但是，当事件突然爆发时，在台北的为数不多的党员，都立即投入到群众斗争中去。一面参加斗争一面找组织，只是互相联络不上。到了第三天下午，为了自卫，根据各界群众的要求，地下党成立了全岛性的武装斗争委员会。台北的组织分成两部分，一部分同志组织领导武装斗争，另一部分同志进行宣传活动。其他各地的党组织都按照党的指示，全力以赴地依靠群众开展斗争。嘉义的武装斗争是省工委委员组织部长兼武装部长张志忠同志指挥的，武装斗争开展得最出色，有的中共地下党员在斗争中牺牲。台中、高雄、屏东、宜兰、基隆、新竹、彰化等地都开展了不同规模的武装斗争。

"二·二八"群众斗争被镇压以后，一切团体都被打下去了，只有中共地下党独树一帜，同国民党进行斗争。"二·二八"斗争中的积极分子看到中共地下党员奋不顾身的大无畏精神，纷纷集合到中共地下党的周围，因而"二·二八"以后，地下党有了迅速的发展，逐渐开展了工人的斗争、农民的"三七五"减租斗争，以及学生运动、文化运动。到了1948年，随着祖国大陆人民解放战争的节节胜利，上海进步报刊在台湾的广泛流传，台湾广大人民觉悟大大提高，社会上弥漫了盼解放迎解放的气氛，中共地下党进一步发展壮大。可惜，1949年下半年国民党败退台湾后，大陆上最反动的军统、中统头目集中到台湾，中共台湾地下党遭受了残酷的镇压，白色恐怖笼罩了全台湾。据统计在长达数年的白色恐怖中，被杀的共产党员大约4000人左右，其中三分之一是外省同胞，被捕坐牢的中共地下党员和外围群众有1万人左右。坐牢时间最长的林书扬被关了34年。

中共台湾地下党为继承"二·二八"未完成的事业，为了台湾人民的解放，为了全国的解放，尽了最大的努力，他们在毫无外援的情况下坚持斗争到1954年。他们中代表人物就有吴思汉。

"二·二八"起义爆发时，吴思汉人虽在上海，却一心记挂着家乡及家乡的百姓，吴思汉曾对同在上海的同乡说："一定要回去推动台湾的新民主主义运动。"于是，他不惧满天密布的白色恐怖罗网，毅然地乘船回台。1950年11月28日，吴思汉作为"匪党支部书记"被台湾当局"明正典刑"，在台北马场町被执行枪决。吴思汉死后，余波未了，他的父亲被关押了 10 个月，几乎倾家荡产。吴思汉的遗孀李守枝没有孩子，也没有再嫁。每年清明，她都从台北赶到台南白河祭拜吴思汉，但为了避免连累他人，她烧光了所有吴思汉的照片，只能将他藏于记忆深处。

吴思汉，一个出身富裕家庭，才华横溢的革命志士，为了实现社会公平的理想，为了改变底层群众的生活，将个人生死置之度外，成就了短暂却传奇伟大的一生。

萧道应 曲折的抗日路

萧道应（1916—2002年），台湾屏东县佳冬乡客家人，为佳冬萧宅后人。台北高等学校、台北帝国大学（今台湾大学，简称台大）医学部卒

萧道应之子萧开平

业（第1届，1940年），与许强、邱林渊、李镇源、谢有福、邱仕荣等同班，师承杜聪明、森於菟等教授。专业是法医学，是1945年末台湾大学医学院成立后最早的法医学本土师资和台大医学院法医学科第1位台湾人主任（前任的法医学科主任是留用的台北帝大法医学讲座日本教授小片重男），教台湾大学医学院最早的第1、2、3、4届医科学生法医学课程，1950年傅斯年校长任内辞职。

1940年，萧道应和爱人黄素贞、读日本明治大学的钟和鸣（后名钟浩东）、钟和鸣爱人蒋碧玉（蒋渭水的养女）、李南锋5人先后自台湾潜赴祖国大陆的国统区参加抗日，在惠州惠阳遭国军逮捕，误认为

日军间谍，要被处死，经台籍客家元老丘念台（丘逢甲的儿子）出面保释，进入丘念台领导的"东区服务队"，从事抗日工作。1945 年末回到台湾。1946 年，钟浩东任基隆中学校长，萧道应同年出任台大医学院法医学科主任，1947 年爆发"二·二八"起义，对国民政府彻底失望的钟浩东和萧道应在吴克泰的推荐下，加入中国共产党，成为地下党员。萧道应在台北高等学校读书时已读了河上肇的马克思主义政治经济学著作，成为地下共产党员以后，与同班同学许强（第三内科主任）影响了多位台大医师参加组织，包括 3 位（眼科主任邱林渊、第一内科主任翁廷俊、皮肤泌尿科主任谢有福）以上的主任医师。1950 年，钟浩东在《光明报》案中被捕杀，5 月 13 日台大医院发生白色恐怖事件，许强、胡鑫麟（1949 年接眼科主任）、苏友鹏、胡宝珍 4 位医师在院内被捕，另有多位在院外行医的台大毕业医师（郭琇琮、吴思汉、朱耀珈、叶盛吉、颜世鸿等）被捕，许强、郭琇琮、吴思汉、朱耀珈、叶盛吉等被杀，颜世鸿、苏友鹏、胡宝珍等毕业不久的年轻医师被关在绿岛 10 多年。1978 年，萧道应从台湾法务部调查局退休，转任法医顾问直到 2002 年 9 月 25 日离世。

林思平 坚决抗日的台籍医生

发愤图强，立志为中国人的尊严而奋斗

林思平，1917年7月出生在台湾嘉义县大林镇。林思平上一年级的时候，很羡慕那些穿着校服的小学生，就问父亲：我为什么不能上小学？父亲告诉他，只有日本人才能上小学，他们只能上公学。日据时期的初等教育一直实行日、台学生分别就学。供台籍儿童就学的学校源于国语传习所，称为"公学"，日籍儿童上的小学在师资设备、教育程度上均优于公学校，差别教育的阴影始终笼罩在台胞头上。

但是尽管当时日本已霸占台湾近30年，但许多正直的台湾人仍然心怀祖国，林思平的父亲就是这样。林思平的父亲在家常常教导他："我们是中国人，我们的祖籍在福建，现在日本人霸占了台湾，但我们不要忘记自己的祖宗，我们在家要说自己的话（福建闽南话）。"日本人把台湾人当作"二等公民"，林思平经常在回家路上看到日本小学生欺侮从"公学"放学回家的中国孩子，骂他们是"清国奴"。每到这种时候他总是气愤不过，奋起相助。台湾人被轻视、侮辱的经历和父亲朴素的教诲，使少年的他开始逐渐明白了台湾人被压迫被奴役的原因，从此发愤图强，立志要为中国人争口气，为恢复中国人的尊严而奋斗。

后来，林思平考入嘉义中学。这是台湾一所很优秀的学校，他是该校最优秀的学生之一。高中毕业，他想学习土木建筑专业，为穷困百姓盖房建楼，遮风避雨。但是因为处处被阻挠，他未能如愿，日本人是不会让中国人在这个领域里显露才华的，那不是中国人的职业。他与同学林金生关系很好，经常讨论救国救民的理想。林金生也心向祖国，憎恨日本人，他认为法律和正义能战胜一切，中国人要有为自己的民族抗争的人才会不受日本的欺负，所以立志学法律，后来考入日本东京帝国大学法学部。林思平不大赞成林金生的观点，认为日本殖民主义者是不跟你讲道理的，只有实干、强大才能救民族，所以决定学医，用自己的努力甩掉中国人"东亚病夫"的帽子。1935年，林思平以优异的成绩考入日本东京庆应大学医学部，这在当时引起轰动，因为那时候几乎没有台湾人能考上这所日本的著名高等学府。

留学东京，思想受启蒙

林思平来到了东京，在庆应大学开始了大学生活，他心怀抱负，努力学习医学知识，成绩非常优秀。在三年级时，卢沟桥事变发生，日本军国主义开始大举侵略中国。在日本国内，军国主义势力到处宣传鼓吹拓殖精神和武士道精神，甚至开始征用学生兵和女兵。闻听祖国大好河山被日本军国主义的铁蹄践踏，林思平义愤填膺。他参加了共产国际在日本建立的秘密组织——马列主义哲学小组，开始接受革命理论，探索救国救民的方法。通过学习，林思平明白了日本人民和日本军国主义势力是要区分看待的，明白了必须奋起反抗、消灭法西斯，亚洲人民才能迎来和平幸福的新生活。他和同志们开始从事贴标语、发传单等反对战争的宣传活动。尽管不久马列主义哲学小组就因为组织暴露而遭到破坏，但林思平仍然参加学习和活动。"家国仇、亡国恨"使这个饱尝殖民压迫痛苦的年轻人下定了走"全世界无产者联合起来"、反抗军国主义侵略的道路。

1941年，林思平大学毕业。他的导师斋藤教授很喜欢他，准备让他继续读医学博士，还要把女儿介绍给他。面对山河破碎的祖国，想到还在帝国主义铁蹄下艰苦抗战的同胞，林思平毅然决然地拒绝了教授的美意。后来，在东京读书的林金生介绍了自己的堂妹林芳枝与林思平结婚。

毕业后在医院进修的两年中，他不断学习业务、精益求精，同时还与共产国际的秘密组织保持联系并参与其活动。他的反战情绪和行为引起日本警视厅的注意，他被列入黑名单，住房被警察搜查过不止一次。他下决心离开日本，开始寻找到祖国大陆直接参加抗战的机会。导师不让他走，劝他说：我是日本人，我也反对这场战争，你是我最好的学生，非常有前途，这里有优越的生活和工作条件，你不一定非要去中国大陆参加抗战，这里也是另一条战线，一样能瓦解日军，反对战争。对此，林思平说：我非常感谢老师的一番好意，但我们中国人所受的苦难和耻辱，使得我必须亲临前线去拼杀敌人才解恨。看到实在阻拦不住这个热血青年，教授决心帮助他回国。他巧妙地安排林思平以"增援日本医疗技术人员"的名义，启程经朝鲜回到祖国大陆。

毅然到祖国大陆参加抗战

1943年，林思平放弃在日本优越的生活和工作条件，带着妻子回到祖国。他还动员了其他几个知识分子一同回国。回国后，他亲眼目睹了日本军国主义给人民带来的苦难，决心发挥专长，用忘我的工作支援祖国的抗战事业。他先在太原铁路医院当医生，以医生的身份与共产党的地下交通员联系，把一些奇缺的药品和医疗器械秘密交给地下交通员带到华北抗日根据地。林思平把地下交通员送来的伤病员视作亲人，精心治疗、护理。他以医生身份掩护地下党的一些干部，包括台胞林栋同志。他还经常为地下交通员书写中文和日文的反战标语……这一切，都给当时与日军浴血奋战而处在最艰苦年代的八路军以很大帮助。

1944 年 8 月，林思平突然得知父亲在台湾病逝。作为长子，他非常孝顺，打算携妻子不远万里取道日本回乡奔丧。因机票紧张，最后只身一人回台，林芳枝带着幼子在日本等候。奔丧期间，他向在台的爱国青年宣传大陆的所见所闻，动员他们也来大陆。其中就有后来成为著名热带病学专家的何斌同志。

处理完父亲的后事，林思平不顾亲友的劝阻，毅然决然地决心重返大陆。当他历尽周折到达日本时才知道他年幼的儿子因肺炎得不到及时治疗已经夭折。痛失爱子，他心里非常难过。面对亲人的接连离去，他没有退却，他把对亲人的思念换作对敌人的仇恨和忘我的工作。因为身份将要暴露，共产党地下交通员安排他离开太原。经过枪林弹雨，越过日军层层封锁线，终于辗转到达北平。

到达晋察冀，参加八路军

到北平后，林思平认识了苏子蘅、甘莹夫妇，他们当时是代表彭真、刘仁同志领导的中共北方局城工部专门向解放区输送海内外的青年知识分子参加抗战的。苏子蘅见林思平是从日本留学回来的同乡青年，就将他留宿家中。晚上他们进行了长时间的交谈。苏子蘅介绍了抗日形势，揭露了国民党消极抗战的真面目，使林思平他们明白真正抗日的是共产党、八路军。在苏子蘅的指引下，他坚定了跟共产党走、参加八路军的决心。1945 年春天，在地下交通员张大中等同志带领下，林思平夫妇改名换姓到达晋察冀解放区的张家口市。

由于当时抗日根据地缺医少药，更缺乏医疗人才，林思平的到来引起了轰动。红军长征干部张杰同志回忆林思平刚到解放区的情形时，曾诙谐地说："那时林思平是'大洋人'、'大专家'，可宝贝了。在晋察冀解放区，林思平的待遇仅次于晋察冀军区聂荣臻司令员，聂司令员每月薪水是500斤小米，林思平是400斤，而我们每月只有5块大洋。"尽管如此，林思平夫妇从未搞过特殊化，一直都是和大家一样，穿军服、吃粗粮，不怕苦和累。因此，解放区的同志都很敬佩他们。

加入八路军后，林思平几次要求上前线，但军区司令部都不肯让他去，说你一不会打枪，二不会骑马，但你有医疗技术，这就是解放区最缺少的，发挥好自己的特长，就是最好的抗战形式。组织上安排他在白求恩亲手创建的"国际和平医院"当了医生，担负起救死扶伤的繁重工作。

迎来抗日战争的最后胜利

1945年夏天，侵华日军已日暮途穷，中国军队不断打击日本侵略者。在解放区，一些日本军人被俘后编入我军，这时林思平夫妇的日语专长发挥了作用。他们向日军战俘宣传共产党、八路军对俘虏的政策，并与他们沟通思想，启发他们反对这场侵略战争，并力争他们发挥专长，为反战服务，为八路军服务。许多日本军人明白了道理，有些还参加了八路军或日共在中国的组织——反战同盟。经过林思平等人的工作，有一位叫安达次郎的日本军医投诚后就在八路军中当了医生，积极反战还结识了很多中国朋友。这些人返日后大都成了中日友好的骨干。1981年，由他们及他们的子女促成日本政府在中国建立的北京中日友好医院建成，表达了两国人民不要战争，世世代代友好的愿望。

1945 年 8 月 15 日，日本宣布无条件投降的消息使晋察冀根据地沸腾了。中国人民漫长的八年浴血奋战终于有了结果。闻听台湾回归祖国的消息，林思平夫妇兴奋不已，百感交集。已有 50 年被殖民历史的台湾人吃尽了当"二等公民"的苦头，翻身的日子终于来到了。这其中，也有林思平夫妇的一份功劳。

罗金荣　从被征台湾劳工到琼崖纵队英雄

日本占领台湾后，不但大肆掠夺自然资源，而且将贪婪的目光瞄准了台湾丰富的劳动力资源。他们在台湾不但大肆征兵以满足其对外侵略的需要，一面还征用苦力到被占区从事非人的重体力劳动。抗日战争中，日军在侵占海南岛后，日本驻台湾总督的一张布告，便把大批台湾人强征去海南当苦力。

罗金荣，1925年生于台湾新竹。他生性秉直，在读小学的时候就因多次反抗日本校长的歧视而受到老师的责骂和鞭打。1941年，16岁的罗金荣被强征到了海南岛，在海南岛的东海岸修建飞机场。

当地的工人有从台湾来的，也有在海南本地雇用的。虽然都是工人、在同样的地方干着同样的活，但在待遇上，台湾来的工人比本地雇用的劳工明显要好很多。如果说台湾人比起日本人来是二等公民，那在工地上本地劳工就是三等公民了。有些台湾劳工因此在本地劳工面前耍威风。殊不知，这正中了日本侵略者下怀。两地的劳工之间冲突不断，甚至时常有打群架的现象。罗金荣身材高大，个性刚烈，在一次打群架中露了头。工头把双方带头打架的抓去罚苦役。有个一同受罚的本地劳工名叫阿吉，他言辞恳切地对罗金荣说："其实我们都是为日本资本家干活的穷人，我们不应该打架。我们打了架，到头来被罚苦役还不是日本人从中获益？这是日本人的馊主意，我们上当了，你说是不是？"率直的罗金荣听了觉得很有道理，之后两个人接触不断增多，并相互了解了对方，慢慢地两个人变成了好朋友。

有一天，罗金荣中暑发烧病倒了。阿吉给他抓了草药，还陪伴身边悉心照料。在这样的日积月累中两人的友情日益加深。离家在外的罗金荣想念家乡了，他望着远处的五指山说："那五个山头真像一只手的五个指头直插云霄。我们家乡台湾也有很多山，真想念家乡，想念家乡的山山水水，不知道什么时候才能回到台湾，回到父母的身边。"阿吉告诉他："五指山是海南岛的屋顶，山上有共产党领导的武装队伍叫琼崖纵队。这支队伍和其他的军队不同，她爱穷人，恨日本人。虽然日本军队占领了海南，但他们也害怕琼崖纵队。"罗金荣在阿吉的开导下，对这支琼崖纵队产生了好奇和好感，也逐步领悟到自己被强征来海南当苦役的根本原因。

海南当地的劳工有时可以回家或到外面去买点东西，而台湾劳工背井离乡，人生地不熟，又远离家人，思乡心切。乡愁和工头的打压激发了他们对日本统治者强烈的不满之情。有一次工头教唆罗金荣去打一个本地劳工，说此人消极怠工，要教训他一下。罗金荣心想：都是被日本人奴役的穷苦人，不能上侵略者的圈套。罗金荣不仅没有去打那人，还私下偷偷提醒此人要当心，工头在注意他……

阿吉看罗金荣自从上次打群架后，识破了工头的鬼主意，便更加积极主动地亲近罗金荣。有时送他一支烟，有时送一包咖啡或椰子干。罗金荣也是一有什么心思便向阿吉倾诉，把他当作知心朋友。

有一天，阿吉带罗金荣到机场外面逛，碰到阿吉的一个朋友，阿吉说要托这位朋友带些消炎药回家去。罗金荣说："你要买消炎药，我带你去一个台湾医生那里买，能便宜些。"罗金荣带他俩到白沙一个台湾医生开的药店买药。阿吉高兴地说："的确便宜多了。"之后，阿吉的这位朋友就经常光顾台湾医生的药店，这位台湾医生凭与罗金荣的同乡情谊也常在价格上照顾这位买主。其实这位买主正是从五指山上下来的琼崖纵队的交通员，他买的药都是送到五指山革命根据地供战士们使用的。

在阿吉的引导下，罗金荣逐步认清了日本帝国主义侵略中国的野心，也明白了台湾人被压迫被奴役的根本缘由。在阿吉的帮助下，罗金荣逐步了解到琼崖纵队是一支共产党领导下为劳苦大众谋解放和坚决打击日本帝国主义的军队。在年复一年的辛苦劳作中看不到任何回台的希望，罗金荣想："与其一辈子在这异乡给日本人当苦役不如去琼崖纵队打鬼子，解放父老乡亲！"阿吉教育罗金荣说："只有打倒日本帝国主义，人民才能当家做主，你们台湾人也才不用在这里给日本人当苦力，才有希望回家乡见亲人。"率直刚烈的罗金荣追问阿吉说："那你能不能带我去找琼崖纵队？"阿吉问他："你真的想去？那里的生活很艰苦！"罗金荣答道："苦怕什么，在这机场当苦役不是更苦吗？"阿吉看他决心已定，便答应帮他去联系。罗金荣说："若果真能去，我还要约几个台湾同乡一起去。"不久后，在阿吉的精心安排下，罗金荣和两个台湾籍劳工一齐向五指山上的琼崖纵队根据地出发了。其实阿吉本人就是琼崖纵队领导的地下工作者，但由于他的任务是留在机场工作，所以不能暴露身份。当然这些都是罗金荣入伍后才知道的。

1943 年，罗金荣等人到了五指山上的琼崖纵队后，受到官兵们亲人般的欢迎和关爱，首长既可敬又可亲，使他们感受到了家一般的温暖。部队的生活虽然紧张艰苦，但他们的心情是愉悦的。琼崖纵队的领导先给他们办了学习班，学习革命道理和抗日战争形势，还帮他们学习汉语使他们明白了许多道理。在琼崖纵队，他们找到了做人的尊严，确立了奋斗的目标。有时还有些红色娘子军来给他们当政治辅导员，同志之间亲如一家。

在一次战斗中，罗金荣等台籍战士不仅英勇善战，而且用日语和台湾方言对日军喊话、劝降；向日军中的台湾籍士兵表明身份，告诉他们自己是被日本殖民者强征来海南当苦力的台湾人，号召他们倒戈参加中国的抗战，不要当日本帝国主义侵华的工具等。战斗中俘虏了一些台湾籍士兵，这些俘虏在罗金荣等台湾同乡的教育下，也参加了琼崖纵队。因此，罗金荣在这场战斗中立了功，受到部队的嘉奖。在琼崖纵队中的台籍战士越来越多，成了革命队伍中很受瞩目的一支新生力量。他们吃苦耐劳，骁勇善战。在一次截击日军运输车的战斗中，他们先伪装成日军用日语喊话说要检查，待车停好后，埋伏在四周的武装力量一下将车辆包围，缴获了所有物资，罗金荣等台籍战士又立了一次大功。罗金荣还时不时乔装打扮，到平原去做地下工作，秘密联系台湾籍矿工苦力，劝他们加入琼崖纵队。他还曾成功地请台湾医生到根据地给首长看病，并将白沙镇上经常卖药的那位医生石光亮也发展成了根据地的秘密医生。后来石光亮医生干脆把诊所让妻子经营，自己加入了琼崖纵队。解放后，罗金荣、石光亮等这些抗战时期参加琼崖纵队的台湾同胞都享受到了老红军的待遇。

1943年年底，罗金荣被组织派往白区做地下工作。他打入敌伪内部进行瓦解日军的工作，成功策反了四十多名台籍战士。这些士兵携带了一大批枪支弹药跟随罗金荣投奔了琼崖纵队。1943年年底到1944年年初这段时间，罗金荣还带领战士端掉了敌人的一座医药仓库和一座炸药仓库，缴获了大批医药器械和枪支弹药，解了琼崖纵队缺乏药品和武器的燃眉之急。因此，罗金荣被记大功两次。

1944年，在一次袭击敌伪活动中，由于叛徒出卖，罗金荣落入敌人手中。面对敌人的严刑拷打，他坚贞不屈。虽然已经遍体鳞伤、血流如注，但罗金荣誓死不出卖亲如兄弟般的战友。后经过组织的多方营救，幸获出狱。

1944年6月，经过一段时间的疗养，罗金荣重归战场。一次，他带领部队夜袭日军飞机场，双方发生激烈战斗。罗金荣一口气刺杀了四个日本兵，并缴获了一批日本军工厂的物资和设备。战斗获得了胜利，但他在这次战斗中负了重伤。

1944 年 8 月，海南发生旱灾，庄稼颗粒无收。罗金荣被委以重任潜入日军敌营，帮助队伍缴获了一批军粮和物资。1945 年春节，日军中台籍士兵邱火荣、周德营等人策动起义，罗金荣又在策应的战斗中负伤，但他坚持战斗，最后在同志们的搀扶下胜利归来。邱火荣、周德营被罗金荣的行为深深打动，也加入了琼崖纵队。

1945 年"八一五"日本投降时，琼崖纵队召开庆祝大会，罗金荣被授予"抗日英雄"、"瓦解敌军工作模范"的光荣称号。

抗战胜利后，日本侵略者走了，国民党来了。这对琼崖纵队来说，只是换了敌人，斗争任务并没有停止。解放战争时期，罗金荣被组织派往国统区的乡政府养伤兼做地下工作。后因叛徒出卖，罗金荣被发觉，于是不得不带着伤病撤离。他经过陵水、万宁、琼中三县的山区，带着伤病身体靠吃野菜充饥，经历了 40 多天才摸回琼崖纵队根据地。经过一段时间养伤后，1947 年至 1948 年间，又被组织委任为琼崖纵队第三总队联络站站长（营长待遇）兼爆破队队长，炸掉敌人三座炮楼，被组织授予"爆破能手"的光荣称号；1949 年任剿匪队队长，用半年时间完成了肃清琼中、万宁、保亭三县境内的土匪的任务，被组织授予"剿匪模范"称号。

附录：中国人民解放军广州军区政治部记载的罗金荣同志在各个历史时期立功受奖的记录

一、抗日战争时期

1944 年在海南，组织（琼崖纵队）派他化装潜入日本英州坡机场偷枪，因被敌人发现，同敌人拼斗，当即杀死四名敌人，杀伤四人，并缴获一批修理机械和雷管。因作战有功，被琼崖纵队授予"抗日英雄"称号。

1945 年在海南，琼崖边区布置他做瓦解敌军工作，先后发动台湾籍士兵三四十名，携带重机枪一挺、机关枪一挺、机关炮三挺、步枪数十支，子弹、手榴弹数十箱，以及雷管、炸药等一批物资，投诚我军，被琼崖纵队授予"瓦解敌军工作模范"称号，记大功一次。

1945 年抗日战争胜利后，因在对敌战斗和瓦解敌军等工作中有功，被琼崖纵队记特等功一次。

二、解放战争时期

1947 年，因伤不能随军行动，在后方养伤期间因当地乡长叛变，爬行四十九天，经过三个县，找到了部队，被琼崖纵队授予"艰苦奋斗"称号。

1949 年在海南打屯昌、乌坡、枫木等敌据点时当爆破手，炸敌据点有功，被琼崖纵队授予"爆破能手"称号。

1949 年，在海南琼中武装指挥部工作时，任剿匪队队长，因剿匪有功，被琼崖纵队授予"剿匪模范"称号。

三、和平建设时期

1955 年在海南文昌县人民武装部工作，因工作成绩突出，被海南军区评为"工作模范"一次。

1956 年获"独立奖章"、"解放奖章"。

1958 年在海南文昌县人民武装部工作，因工作成绩突出，被海南军区记三等功一次。

1988 年获"独立勋章"。

钟浩东 幌马车上的抗日斗士

题记

黄昏时候，

在树叶散落的马路上，

目送你的马车，

在马路上晃来晃去地消失在遥远的彼方。

在充满回忆的小山上，

遥望他国的天空，

忆起在梦中消逝的一年，

泪水忍不住流了下来。

马车的声音，

令人怀念，

去年送你的马车，

竟是永别。

——1950 年 10 月 14 日，钟浩东被判处枪决。临刑前，狱友以其喜爱的幌马车之歌送别。

2004 年 3 月 14 日，时任中国总理温家宝在全国"两会"回答台湾联合报记者的提问时，深情背诵了台湾著名乡土文学家钟理和的名句"原乡人的血，必须流返原乡，才会停止沸腾"。也许很多人不知道，此句还有后半句，就是"二哥如此，我亦没有例外"。钟理和的"二哥"指的就是台湾早期共产党员钟浩东。

钟浩东（1915—1950年），中国共产党党员，曾任基隆高中校长。本名和鸣，台湾屏东人，其妻为蒋渭水养女蒋碧玉。作家蓝博洲的《幌马车之歌》一书便是以钟

钟浩东

浩东为题材，导演侯孝贤更据此拍摄电影《好男好女》。

1947年9月，钟浩东任基隆中学校长时成立共产党"基隆中学支部"；1949年5月，改组成立"中国共产党台湾省基隆市工作委员会"，发行地下刊物《光明报》，成立共产思想与书籍读书会。同年8月，相关组织被国民党当局查获。1950年9月9日，钟浩东被判处死刑；同年10月14日遭到枪决，狱友以其喜爱的《幌马车之歌》送别。

幼小心灵种反抗的种子

钟浩东，原名钟和鸣，1915年12月24日出生于台湾屏东潮州庄，他祖籍在今天的广东省梅州市大埔县。钟浩东出生在一个民族意识强烈的家庭。他出生的日治时期，日本人将台湾人视作二等公民。他的父亲钟镇荣由于不满日本人的殖民统治压迫，在户籍机关登记户口时，出于义愤，将自己登记为"钟蕃薯"，以示自己是中国台湾人。台湾地区地图像一条番薯，所以当地人常自称是"蕃薯仔"。钟镇荣改名叫钟蕃薯的消息传开来，许多老乡说名字改得妙；不少人学他样子，

遂出现了许多台湾青年在报户口时，也称李蕃薯、陈蕃薯的……一时间，"蕃薯"成了台湾风行一时的名字。日本的户籍官十分不解，就打听为什么台湾人喜欢用这种农作物的名字作名字，闻之无不哈哈大笑。钟浩东家乡人人都知道了钟蕃薯的名字。

后来，钟镇荣在南台湾响应台湾北部蒋渭水的号召，在屏东一带组织台湾乡亲参加文化协会，开展农民运动。钟浩东从小就受父亲爱国主义活动的影响，老跟在父亲身边听文化协会的演讲，小小的心灵播下了痛恨日本人歧视压迫中国人的思想种子。

辗转回大陆参加抗战

钟浩东在家乡盐埔读完公学（小学程度），由于成绩优秀，校长要介绍他去长治公学读高等科。虽叫高等，其实也就是高小而已。钟浩东不感兴趣，自己去考高雄中学，被录取。高雄中学大多是日本人子女，当地学生很少。钟浩东虽然考进去了，却常受到日本籍学生和日本籍教师的歧视和辱骂。钟浩东气愤得常与之辩论。钟浩东很聪明，虽不专心听课也能考出好成绩来。他开始偷看三民主义和五四运动的书籍，报刊。有一次被老师发现，不准他看，要没收他的书，钟浩东与之辩论说："台湾人就是中国人，为什么不能读汉书？"日籍教师训斥他："无礼！"骂着"清国奴！"举鞭要抽打钟浩东。钟浩东拿起桌子上的书掷向日本籍教师，跑回家了。读高二时，他利用暑假跑去内地旅行，超过开学时间才返台，学校故意把他名列前茅的优秀成绩改排在全班最后一名。钟浩东对高雄中学早已经心怀不满，未读满 4 年就用同等学力考进了台北高校。由于钟浩东用功过度，患了神经衰弱症，住进台北帝国大学（今台湾大学，简称台大）医院治疗。结识了小他 6 岁的护士蒋碧玉（原名蒋蕴瑜），两人开始恋爱。蒋碧玉当时才 16 岁，系日据时代台湾著名社会活动家（台湾民众党、台湾文化协会、台湾工友总联盟领袖）蒋渭水的养女（原为外甥女）。由于受蒋渭水影响，年轻姑娘已经明辨是非，她同样不满日本人统治，故两人从相识、相知到相爱，很投合。

其后的岁月，夫妻两人琴瑟和鸣，非常恩爱。钟浩东被杀害后，家人被通知领尸，蒋碧玉后来回忆说："妹妹告诉我浩东挨了三枪，都在胸部……我想，打在胸口，死得较快，没有那么痛苦吧……"听者无不动容，没有苦难岁月里相携共度经历的夫妻是断无法体会这种生死之爱的。

钟浩东读完台北高校后正值日本要在台湾征一批会讲广东话或客家话的台湾青年去广东充当日本军夫。钟浩东识破日本的侵略阴谋，为了躲避征召，约了蒋碧玉同去日本读书。钟浩东进了明治大学，蒋碧玉去读东京医学院。两人开始筹划如何投奔祖国大陆参加抗战。

投身抗日洪流

钟浩东在日本入读明治大学政治经济系。后回台湾与蒋碧玉结婚。因决心回大陆参加抗日，1940年邀同萧道应夫妇（妻黄素贞）和李南峰（钟的表哥），5人经上海、香港、广州转赴惠阳。

这期间还发生了一个小小的插曲。他们进入了惠阳境内后，心情轻松愉快，便唱起歌来，但那时他们只会唱日本军歌，因此被惠阳游击指挥所的警卫员盘问，他们说是要回祖国参加抗战，却拿不出任何证明文件，也说不出回大陆与何人联系，故被怀疑是日本间谍而遭逮捕。适遇丘念台率"东区服务队"驻惠阳，军法处的法官邀丘参加审问。丘和他们接触后，从言谈可知他们思想进步，同时也坚信爱国志士蒋渭水的女儿不会做日本人的间谍，认定他们是回祖国参加抗日的爱国青年。于是，惠阳军政当局将这5位台湾青年送至军委会桂林办公厅处理，经再审后将钟浩东和李南峰送民运工作队受训，蒋碧玉和萧道应、黄素贞送南雄陆军总医院工作。

后来，正好这时丘念台有事从惠东来省会韶关办事，又碰上这5个台湾青年，遂担保这5个人到他负责的东区服务队工作。他们一方面参与前线的对敌军俘虏工作和救护工作，一方面又做当地民众的救亡宣传工作，干得有声有色，如鱼得水，既兴奋又忙碌。由于他们懂日语，所以做日俘的教育工作得心应手，搜集了许多有益的敌方情报。1942年冬，抗日战争已经进入中期的相持阶段。丘念台得知李友邦领导的台湾义勇队已从浙南进入福建闽西的龙岩，遂想去和李友邦联系，便带了钟浩东等人同去。钟浩东从此认识了李友邦，看到台湾义勇队的少年团很活泼可爱，爱国主义热情更加高涨。钟还结识了李友邦的秘书潘超（中共地下党员），他从潘超那里学懂了过去不懂的革命道理。潘超告诉他回广东后注意和邻近的东江纵队搞好关系，不要摩擦，免消耗抗日力量。后来钟浩东回到东区服务队后，在队里也发现有与潘超持同样政见的同志。他当时不了解这些人也是中共地下党员，但钟的思想已经开始左倾了，他逐步认识到国民党和共产党的区别与是非。

1943年，东区服务队在罗浮山的冲虚观和白鹤观分别开办了罗浮中学和持西补习学校，办校目的在于培养坚持抗战、忠于祖国的青年。钟浩东被委任为持西补习学校的负责人，他把学校办得有声有色。1944年，钟浩东、萧道应被秘密吸收参加了中共地下组织领导的外围进步组织——抗日民主同盟。

1944年秋，丘念台派遣钟浩东、李南峰、徐森源、邓支龙4人潜入广州敌占区，深入到广州沦陷区的台籍人员中去做军事工作。当时

142

在广州的台籍人有数万人之多。钟浩东、李南峰以台籍人的身份在台籍人中秘密活动，徐、邓两人从旁策应。他们结识了在广州的台籍人陈招腾，通过交往，向他们介绍抗日战争的形势，指出日寇失败已成定局，策动在广州的台籍人从事反日工作，陈招腾答应倒戈，参加抗日工作，提供日军情报。钟浩东在广州秘密活动了10多天后撤回惠州。

1945年年初，日寇战败前垂死挣扎，侵扰惠东一带。东区服务队改名为广东工作团，地盘向河源、梅县方向迁移。钟浩东去龙岩的台湾义勇队总部领了一个"三民主义青年团台湾第三分团"的身份证明作掩护，当路上的通行证，准备去参加东纵队伍。他们走到约定的接头地点石龙镇时，适逢日本宣布投降，国民党军队包围了罗浮山，阻断了接头机会。钟浩东等人只好重新折回广东工作团。日本投降后，钟浩东等人就用"三青团台湾第三分团"的牌子在广州协助台胞返台，最后他们也重返光复后的台湾故乡。

因基隆市工作委员会案遇难

1945年10月，台湾光复。钟浩东返台后经丘念台和李友邦推荐去当了基隆中学的校长。钟浩东同时在屏东家乡组织青年农民读书会，每周的周末，他都要从基隆搭火车赶回屏东去领导这个农村青年读书会的活动，给他们讲祖国大陆的政治形势。"二·二八"事件爆发后，他更积极深入民众中去参加集会，惩办国民党政府中的贪官污吏，支持台湾民众的抗暴斗争。

1949年3月，两位台湾大学与台湾师范学院（台湾师大前身）的学生因被认为"违反交通规则"遭警方逮捕，由此引发学生集体抗议，导致军警于4月6日进入校园镇压，计有7位学生被枪毙、50多位学生被取消学籍，此事件即是历史上的"四六惨案"。事件3个月后，有人在台北台湾大学校园里散发地下党的机关刊物《光明报》，特务人员将一份《光明报》呈给台湾"省主席"兼警备司令陈诚，引发当局高层震怒，训令克日查出"反动报纸"到底是哪里来的。

保密局特务抓到早先在台大校园散发《光明报》的4个学生，当中一个叫戴传李的台大学生供承，报纸是他妹妹戴芷芳拿给他的，而把报纸交给戴芷芳的，是基隆中学校长钟浩东。1949年8月14日清晨3点半钟，保密局派出3个行动小组的特务，荷枪实弹进入基隆中学校长寓所，逮捕了钟浩东，同时搜出了印制《光明报》的印报器材，及大量共产党宣传资料。

钟浩东的太太蒋碧玉也是一名地下党，面对来势汹汹的保密局特务，她幽幽地说："这次我们失败了，我们难逃一死，但是，我们能为伟大的祖国、伟大的党在台湾流第一滴血，我们将光荣的死去！"

9月9日判决，钟浩东、李苍降等7人判处死刑；江支会判刑15年；王荆树、许省五、许省六等6人判10年；萧志明等2人判5年，曾碧丽、孙居清、张国隆3人判刑1年；王明德、游英、詹照光、戴传李、许远东、邱连球、邱连和、李南锋、蒋碧玉、戴芷芳等20人交付感训。

1950年10月14日，钟浩东被枪决，遗体中藏有致其妻蒋碧玉的遗书。据难友回忆，钟浩东被通知提堂开庭时，沉静地与同房难友逐一握手，脚镣拖地响着，牢房里也响起难友们唱的《幌马车之歌》"……马车的声音，令人怀念，去年送走你的马车，竟是永别！"

钟浩东牺牲后，蒋碧玉也被捕并被押去绿岛服刑。出狱后，蒋碧玉即积极参与台湾左派的社会运动，成为著名活动家。蒋碧玉承钟浩东生前的嘱咐，等到20世纪80年代两岸开放探亲时到广州寻找当年丢失的儿子。郑晶莹女士当时担任台湾民主自治同盟广东省委负责人，遂积极帮助她去韶关一带查找。后来在韶关市政府对台办的协助下，终于在一家姓肖的人家找到了钟浩东、蒋碧玉夫妻的长子，实现了钟浩东烈士就义前的遗愿。这也算是对烈士最大的安慰吧。

朱天顺 豫鄂边区的新四军战士

朱天顺（1919—2002 年），台湾基隆人，1939 年 12 月被侵华日军胁迫到大陆，1940 年 10 月投身抗日救国运动，1942 年 9 月起于新四军第 5 师政治部敌伪军工作部任敌工干事，一直到日本投降为止。1946 年 6 月参加中原突围，随 359 旅到了延安，受到毛泽东主席和朱德总司令的接见。

朱天顺家境贫寒，父亲是黄包车夫。他年纪轻轻就到台湾基隆台阳矿业股份公司上班，一干就是 7 年，一直都是最下层的小职员，工资非常低，每月发薪日都要为分期还债而苦恼。

1939 年 12 月刚满 20 岁的朱天顺被侵华日军胁迫到大陆，在日军 40 师团当翻译。1940 年 10 月，朱天顺和中共豫鄂边区应城县委取得联系，投身抗日救国革命运动，在日占区做秘密工作。1941 年 10 月，闻听一名送情报去根据地的交通员在汉口桥口关卡被捕，人在上海的朱天顺为避免被敌人追捕，于 11 月份辗转到达苏北新四军根据地。

原本要到盐城新四军军部的朱天顺因多处交通站被敌人破坏，几经周折，才渡江到了浠水县江边，找到了新四军第 5 师的部队。当时李先念师长正率领部队在浠水一带进行"反顽"（反抗国民党顽固派军队）战斗。朱天顺跟随李先念率领的第 5 师部队直到"反顽"战斗结束，辗转几百公里，于 1942 年 2 月到达豫鄂边区党委机关所在地——京山县小花岭。

在豫鄂边区党委，朱天顺改名郑淡青，负责编写敌占区和敌伪军情况的资料，油印成册提供给相关单位，并在应城和武汉近郊做联络工作。

1942 年 3 月 1 日，豫鄂边区召开了第一届抗日人民代表大会，朱天顺因为在敌占区做了大量工作而作为特邀代表应邀参会。他是会上唯一的台湾代表。在大会上，朱天顺被选为主席团成员并上台发言。发言中，他揭露了敌伪军在沦陷区凌辱和迫害中国同胞的情况。对于一个长期受日本殖民统治、受尽政治歧视和压迫、毫无政治权利的台湾人来说，这次会议带来的"政治解放"的感受让他终生难忘。

在豫鄂边区期间，无论物质生活还是精神生活都相对比较贫瘠。但是，在这里他感受到了抗日队伍中人与人之间的平等关系和人格上的相互尊重。"革命工作只有分工不同，没有工作贵贱和地位高低之分"在豫鄂边区得到广泛验证，每个人都对自己能为抗战做贡献而深感骄傲。这种上下同甘共苦，全民齐心协力，同志相互关怀的氛围深深打动了朱天顺。

在根据地，朱天顺也找到了人生的方向和努力目标，那就是为解放全中国的贫苦百姓而不懈奋斗。读了《社会发展史》、《社会科学概论》和《大众科学》等书籍，原先只能抱怨社会不公而束手无策的朱天顺茅塞顿开，他醒悟了造成社会不公的根本原因是极少数人剥削大多数人的罪恶制度。这种认识激发了他为消除社会不公而奋斗的决心。

1942 年 9 月份起朱天顺于新四军第 5 师政治部敌伪军工作部任敌工干事，一直到日本投降为止。近三年的时间里，他一直在做审查、教育被俘日军，收集敌情，以及参与日本反战同盟第五支部等工作。

因为他对日军的内情较为熟悉且精通日语，所以在敌工部期间，被俘的日军都经过他谈话。对日俘的审查既是对被俘者的了解过程，也是进行启发教育、打消疑虑的过程。在长期的审查、教育日俘的过程中他总结了一套自己的理论方法。在新四军第5师的日本反战同盟第五支部就是由那些有反战觉悟的日俘组成的，到日本投降时盟员已发展到20多人。

在敌工部，朱天顺除了用日语给日本反战同盟盟员讲课以外，他还与反战同盟盟员给敌军据点的士兵写过信、散发过传单。传单绝大部分是由日本反战同盟盟员创作，经朱天顺审阅再交由部长定稿及缮写印刷。在做宣传工作的同时，他们还通过各种渠道积极搜集情报，打了几场漂亮的伏击战。

日本投降后到1946年6月中原突围前，中原新四军部队遭到国民党的重兵封锁包围，各种供给都十分紧张。为应对艰苦的反内战斗争，军区号召各单位组织促生产、抓节约。朱天顺和他所带的日俘都自觉上山打柴，到就近的山上挖药材，一边供自己部队里使用，一边将剩余的挑出去卖。在他们的共同努力下大大缓解了重重封锁带来的供给困难。

1946年6月26日，中原新四军开始中原突围，朱天顺被编入干部旅，跟随中原军区警卫团一起行动。警卫团通过平汉路封锁线，一直到河南，攻打淅川县城以前，突围一直很顺利，部队中无人伤亡。但是警卫团到了紫荆关（位于河南、陕西、湖北三省交界处）对岸的山地就遭到了国民党军队的阻击，非武装的干部旅秩序被破坏，许多人在战斗中掉队。过紫荆关后，为避开国民党的围堵，斗争日益艰苦，有一个多月的时间都在秦岭山沟里转，没有粮食和补给，部队只能在饥饿中前行。为了赶路躲避敌人的突击，部队在经过山阳、柞水、镇安等县境的山区时几乎都是全天行军，而且经常连夜赶路，饥饿和疲劳让战士们有时会边走边睡。有的人因饥病交加而掉队，更多的人出现体力不支和"烂脚板"等情况……尽管如此，无论环境如何艰苦，身为共产党员的朱天顺和他身边的战友都表现的异常坚强。

艰难困苦中终于迎来了希望。朱天顺所在的警卫团找到了 359 旅司令部，那时候他们已仅剩 5 个人。之后，他们跟着 359 旅进入陕甘宁边区境内，涉渭河继续北上，在陇东西峰镇与前来接应的陕甘宁边区部队会师。在庆阳城短暂休息后，他们骑着毛驴来到了向往已久的革命圣地——延安。

到延安后不久，1946 年 10 月末的一天，他收到了一纸红色请帖。这是令他终生难忘的一天，毛主席、朱总司令在延安王家坪宴请 359 旅回延安的团以上干部。接到请帖的朱天顺倍感光荣，他感受到了党中央、毛主席对台湾同志的关怀。在宴会上，当副司令员王震把他带到毛主席面前，报告他是台湾籍干部后，毛主席握着他的手，和蔼地说："辛苦了！"半个多世纪后，在一次接受采访时，朱天顺仍激动地说，那一场景他始终清晰地铭刻心中。

1952 年，朱天顺到厦门大学从事教学和科研工作，曾任厦门大学哲学系主任，校务委员会委员等。1956 年北京大学哲学系研究生毕业后，他便一直担任厦门大学台湾研究所教授。朱天顺曾出版专著《原始宗教》、《中国古代宗教初探》等，主编出版《中国地名词典·台湾卷》、《当代台湾政治》等书籍，还发表有关台湾政治、闽台民间宗教等方面的论文数十篇。他享受国务院颁发的特殊津贴，兼任福建省台湾研究会会长，中国和平统一促进会理事，曾担任第七届全国政协委员，还是中共十二大代表等。

他一生盼望祖国统一。

庄　索 新四军臂章设计者

绘画少年归乡学艺

庄索，原名庄五洲，1914 年出生于台湾高雄旗津。高雄是台湾早期对外交流的窗口，庄索在这里度过了童年。1928 年，庄索 14 岁时随父亲离开日本统治下的台湾，回到祖籍地福建厦门。

庄索很小就显露出绘画方面的天赋。读小学时，他就为家乡的小庙画过壁画。1928 年夏，庄索进入知名的厦门美术专门学校西画系，师从周碧初、谢投八、郭应麟等教授，开始接受严谨的美术训练。这是他一生最重要的一段学习经历，逐渐确立了写实主义的画风。正是从这一时期开始，他的思想也渐趋成熟。目睹了军阀割据、盗匪横行、民不聊生的境况，他的心中充满了对日寇的愤恨。1931 年"九一八"事变后，庄索与同学一起，积极参加厦门美专组织的抗日救亡运动，他们创办画刊，编写剧本，宣传抗日。

由于学习勤奋刻苦，成绩优异的庄索只用了 3 年时间就完成了原本 4 年的课程。1932 年，庄索毕业。他先后在闽南的漳州、泉州和闽西的一些山区学校任教。1937 年 7 月抗日战争全面爆发后，庄索立即投入到了抗日救亡运动的浪潮中，他参与成立了"晋江抗战后援会"，编绘了《抗敌画报》、《一月漫画》等刊物，创作了大型宣传画《起来，不愿做奴隶的人们》。

参加新四军，投身抗日洪流

1940 年春，庄索只身前往上海，恩师周碧初介绍他结识了许多同在上海的进步画家。同年秋，新四军与八路军在苏北会师，刘少奇、陈毅等人进驻盐城以后，新四军的文化教育工作蓬勃开展起来。刘少奇同志任院长的鲁迅艺术学院华中分院两次派人到上海，发动几十名文化人士前往新四军开展文化教育活动。

深受鼓舞的庄索渡江北上，成为鲁迅艺术学院华中分院美术系教授。华中分院设文学、戏剧、音乐、美术等 4 个系，师生 400 多人，美术系有莫朴、许幸之等教授，庄索主讲的学科是构图法。1941 年春天，他创作了大型彩色宣传画《踏着烈士的血迹前进》、《战地之春》等，鼓励战友们前赴后继，勇往直前。这幅画被高高地挂在戏剧系的教室内陈列。莫朴（著名画家，时任美术系主任）后来回忆庄索时，曾深情地说道："他对待教学、工作的态度认真负责，生活上艰苦朴素，给我留下了终身难忘的印象。在我眼里，他是一位坚定的爱国主义者，也是一位对美术执著追求的艺术家。他受到师生们的尊敬。"

1941 年 7 月，日军对苏北进行了疯狂的"扫荡"，鲁迅艺术学院华中分院改组为两个艺术工作团。庄索因有美术特长，并且懂日语，被调到新四军 4 师敌工部，负责对日军的反战宣传工作。他曾画过一幅反战宣传画，画面以樱花为背景，一位身穿和服的日本妇女背着孩子，面朝大海，遥望远方，企盼参战的丈夫早日归来。这幅画曾在日军据点中产生了较大的影响。4 师油印的《拂晓画报》拟改为石印，庄索和画报社的张力奔千方百计买到了机器，庄索成了制版师兼主要作者，几个人又编又画，办成了一份印刷几千份的彩色石印画报，深受指战员们的欢迎。1943 年 2 月，日军又发动了对苏北的第二次"扫荡"，庄索在执行反战宣传任务时不幸落入日军之手，险些丧命。好在后来在押解过程中，他乘机逃脱，回到军部。

抗日战争胜利后，庄索多次深入日军俘虏营，对俘虏们进行宣传教育工作。1946 年 4 月 23 日，他还到上海参加了"上海美术作家协会"第一届美展。

纪念烈士，设计新臂章

1941 年 1 月，"皖南事变"发生后，蒋介石发布了取消新四军番号的命令。中共中央军委于 1941 年 1 月 20 日，发布命令，重建新四军，任命陈毅为代理军长，刘少奇为政治委员，军部设在苏北盐城。

随着新四军队伍不断壮大，整个队伍急需一个新的、统一标志，华中分院美术系的老师们接受了这一艰巨的设计任务。庄索与许幸之等人，以原有的臂章为蓝本，设计了一个外方内圆、蓝白相间的椭圆形图案，当中是"N4A"，"N"即英文"NEW"（新）的第一个字母，"A"即英文"ARMY"（军队）的第一个字母。图样由庄索画出初稿，用石板印刷，线条简洁流畅，白底蓝字，醒目有力。蓝色表示蓝天，白色象征光明，寓意中华民族前途无量，抗战必将取得最后胜利。此外，庄索还设计了一种图案，即在第一种设计的基础上，在椭圆形图案上方左右两边各加一个五角星，中间标明"1941"，以此纪念在"皖南事变"中牺牲的烈士们。这一创意受到新四军代军长陈毅的赞赏，方形布质臂章很快在新四军中发放佩戴，深得同志们喜爱。

新四军自 1937 年 10 月 12 日建军到 1947 年 1 月撤销番号，近 10 年间曾使用过多种臂章标志，如"抗敌"（图案是抗敌两字配以一名持枪的战士，由马达设计）、"新四军"（布质方形臂章）等。但佩戴时间之长、影响之大，都不及"N4A"臂章。如今，在江苏盐城新四军纪念馆正门上方，雕刻着这枚臂章的放大图案。1997 年 10 月 12 日纪念新四军建军 60 周年时，该馆发行的纪念章直接采用了这一臂章图案。

返台后对社会作出多方面贡献

1946 年，国民党反动派挑起全面内战，庄索深感失望。6 月底，庄索随着一批文艺人士回到台湾，与毕业于东京女子洋裁学校的陈寿贤女士在高雄结婚，之后前往台北，先后任职于市立女中（今金华女中）、静修女中、开南商职等几所学校，教授美术。

1947 年，庄索进入高雄市渔会任职，在水产陈列馆工作，后又担任渔会统计股股长。他以自己的美术专长，为渔民们描绘各种捕鱼作业的说明图，以及研究用的鱼类、贝类图鉴、世界渔区地图等，并且撰写专业的渔业论文，其间也曾为台湾农复会、"中央研究院"、台湾大学、成功大学、水产试验所做些工作。

1965 年前后，他还从事商业美术的兼职工作，如绘作炭粉肖像画、各种商标设计，为高雄市政府绘作全市街图，为澎湖县描绘岛屿分布图，还写作、出版了传记作品《岳飞》，并以渔民生活为题材进行美术创作。此时，他还研发出一种立体式的世界渔业基地模型地图，引起广泛的关注，获得大量的订单。

1970 年 8 月，美国单方面宣布将台湾北部海域的钓鱼岛列屿管辖权移交给日本，引发了留美学生的"保钓运动"。1971 年，台北街头发生强烈抗议行动，台北学生走上街头，呼应留美学生的"保钓运动"。此事激起庄索的抗战回忆及压抑已久的创作热情，他立即提笔创作了油画《抗日之家》。之后，一幅幅既真实又梦幻、既沉默又带着高度人性尊严的作品，源源而出。从对抗战的追忆，到对现实渔民生活的描绘，充满着高度的人道主义关怀，也带着强烈的戏剧性张力与文学诗情。

1975 年 9 月，庄索首次在杂志上发表了有关徐悲鸿与刘海粟笔战的文章，这是对民初以来中国画坛逸事及美术史实的追述和介绍。此后，此类文章陆续发表，总共有 27 篇，成为庄索的另一类艺术贡献，也体现了他敏于思维的研究精神。

1981 年，他以 68 岁的年纪正式退休，开始了大量创作，包括绘画和回忆史实、著书立说。绘画题材多为抗战的回忆及南台湾的风土民情。1980 年 4 月，他用笔名"索翁"在台湾《艺术家》杂志发表了《厦门美专追忆》一文。1991 年年底，"庄索：遽变时代的记忆"油画、水彩作品展在台北"雄狮画廊"举行，媒体给予高度评价，《雄狮美术》月刊还特别出版专辑，以庄索画作为封面，并对其作品评价道："画风既具有浓厚的大陆经验，却也充满了在台的生活感受，是台湾前辈画家极具人道主义色彩的特殊例子。"大陆的《画廊》、《美术》等报刊也相继作了报道。

1997 年 11 月 18 日，庄索因病逝世，享年 84 岁。临终前，他特别嘱咐已是当代台湾著名美术史家的长子庄伯和，一定要把《庄索画集》及其创作的有关盐城风物的油画原件，送往盐城新四军纪念馆收藏。庄伯和在当年专程赶到盐城，了却了父亲的夙愿。

庄索是一位多才多艺的艺术家，他留下的 200 多幅作品成为一份珍贵的艺术财富。庄索的作品，在风格上，从古典写实主义的路向入手，既不讲求色彩分析的趣味，也不作主观的物象变形解构；在看似朴实无华的细腻刻画中，营造出动人的画面情境，成为台湾日据时期以来，以类印象派为主流的画坛之外，独树一帜的画家。除了作为纯粹的创作者，庄索的研究精神也表现在他一系列记述美术史实的文章上。这些文章虽为数不多，但精彩有趣、富史料价值，成为美术史研究者珍贵的参考资料与文献。

陈炳基　用"抗日"谱写青春之歌的主旋律

陈炳基1927年4月出生于台湾
台北。1940年，他以第一名成绩毕
业于台北老松公学校（今老松国民小
学）。同年4月，又以第一名的成绩
考入台北二中第19届。日据时期台
北一中主要是日本人子弟去读的学
校，而一般台湾人家的子弟，成绩再
好也只能到台北二中。

在台北二中，尚未成年的陈炳基
深深感受到了台湾同胞在日本殖民者

陈炳基学生时代

统治下受到的欺凌和压迫，民族意识和抗日精神在他的心灵里埋
下了种子。随着日本侵华战争的开始，学校里的日籍流氓学生经
常欺负、殴打台湾学生，"清国奴"、"非国民"成为了日本人辱骂
台湾学生的口头禅。在社会地位与工资待遇方面，台湾人与日本
人的差距很明显。陈炳基清醒地意识到："所谓的'一视同仁'是
日本当局骗人的鬼话，台湾人是汉民族，并不是'天皇的臣民'。"
天资聪颖的他年仅17岁就毅然决然地把青春年华和满腔热血投入
到了轰轰烈烈的抗日战斗中去。

由"谢娥事件"开始抗日斗争

谢娥是留日归来的外科女医生,学外科是抱有回祖国大陆为负伤战士服务的志愿。大约在1944年年初,陈炳基正在上中学5年级,他和刘青石等辗转认识了谢娥。通过谢娥,这群少年才知道1943年12月1日,中美英三国首脑聚会在开罗,发表了《开罗宣言》,确定"日本窃取于中国之领土,例如东北四省、台湾、澎湖群岛等,归还中华民国"是三国共同对日作战的目标之一。

陈炳基等人听后心情久久不能平静。即将毕业离校的高一级的学长唐志堂特地找陈炳基讨论,他们一致认为,依据开罗会议的联合公报,战后台湾即可回归祖国的怀抱,"那时,我们就可以出头天,当一等公民啦!"于是,他们去找郭宗清、黄雨生、工业学校的刘青石等,开始密商回祖国参加抗日。

1944年4月,唐志堂和刘青石毕业了,谢娥资助他们从新竹私渡大陆,却因日本特务的密报而被捕。郭宗清因在谢娥家留下了一首反日的汉诗而被诱捕;5月,陈炳基和黄雨生也前后被捕。此事件导致谢娥、台北二中5人(唐志堂、陈炳基、郭宗清、黄雨生、许钦琅)、台北工业学校3人(刘青石、傅赖会、谢权益)共9人被捕。

谢娥、唐志堂、刘青石因已有实际行动而被判刑较重,直到台湾光复后才出狱。陈炳基、郭宗清、黄雨生等因未成年和尚未动身赴大陆而被判"起诉犹豫"(暂缓起诉),先被关押在日本宪兵队,他们连着10多天都受到严刑审讯和残酷拷打,有时晚上也罚站不让睡觉,打昏了就泼冷水激醒后再打。经过宪兵队的非人刑讯后,他们被关押在"台北刑务所"(即监狱),整整捱过两个月的暗无天日的牢狱生活,才被放出来。

陈炳基等人因"谢娥事件"被捕期间，还发生了反日的"雷灿南、李苍降"事件和"蔡忠恕、郭琇琮（台湾光复后曾任中共台北市工委书记，1950年牺牲）、陈国珍台大事件"。因同时间被捕并关押在监狱，陈炳基认识了李苍降、郭琇琮等人，缔结了深厚的革命友情，在抗战胜利台湾光复后，他们又并肩成为建立新中国的新民主主义革命的战友。

声讨"涩谷事件"成为抗日学生领袖

出狱后的陈炳基抗日激情丝毫没有减弱，还带头组织起风起云涌的抗日学生运动，逐渐成长为当时的台湾学生运动领袖之一（任台湾省立法商学院学生自治会总负责人）。

1946年6月，陈炳基考入台湾省立法商学院（1947年1月并入国立台湾大学法学院），入学后他以卓越的领导力积极投身到组织"台湾学生联盟"的活动中，很快就在校内、进而扩展到台北市大中院校带头或参与组织了好几次反美、反日、反蒋的学生运动，如1946年年底抗议"东京涩谷事件判决不公"[①]和1947年1月9日抗议"美军暴行事件"。

1946年7月发生在日本东京的"涩谷事件"引发了旅日台侨的抗议浪潮。消息传到岛内，台湾社会各界纷纷声援，各校学生尤感义愤。在等待判决结果的半年时间里，陈炳基和刘英昌等人到台北各校演说，揭露事件真相，在学校内积极动员组织，唤起发动学生开展抗议。

"涩谷事件"不公正的判决公布后，1946年12月20日上午9点，

---

① "涩谷事件"，1946年7月19日，因日本黑帮企图强行收回旅日台胞在东京都涩谷区的摆摊，引起警察与华侨大规模武装冲突的流血事件，事后又遭美军法庭草率判决。消息陆续传回台北，有上千名民众聚集中山堂抗议美国判决不公。

陈炳基

台北各校学生和许多民众到台北中山堂内外集会，愤怒声讨驻日美军当局。

据陈炳基回忆，开会前一天，他就以"台北法商学院学生自治会"的名义，准备了中日两种文字的宣传单，借用了小卡车在台北市中心街道散发。大会当天的中山堂内外人山人海，变成了一场声势浩大的市民大会，学生领袖陈炳基豪情万丈、鼓舞人心的爱国抗日演讲获得了全场的高度关注，并被台湾很多报纸重点报道。

1946 年 12 月 21 日的台北《民报》用了三分之一的版面报道了此次集会，标题是《撤销涩谷事件原判 昨晨中山堂演讲会要求 闭会后作市街游行示威》。在报道演讲会时，该报特别指出演讲"尤以法商学院学生陈炳基君为会场中之异彩，其态度之认真，爱国之热情，实令人莫不为之感动"。

在台中《自由日报》记者关燕军的报道《记一个雄壮的演讲会》里是这么描述的：

数千学生、大学生、中学生，男学生、女学生，甚至里面也有老头、老太太……每个人的心里都燃烧着不平的愤怒的烈火……台湾学生自治会的代表陈炳基在如爆竹炸裂的掌声里走到台前，跟着八九千只眼睛都自不同地点一齐对准了他。

陈炳基朗声说："各位亲爱的同胞，你们都知道'涩谷事件'了吧，'涩谷事件'的结果是我们台胞被逮捕了，是我们台胞被杀害了，然而最后我们的台胞还被判了罪刑，各位知道，因'涩谷事件'被捕的台胞有 36 个人，这些人由国际法庭宣判 2 人，无罪开释 1 人，服苦役 3 年，其余 33 人均服苦役 2 年，而日本人呢，却特别的受了盟邦的恩惠被判无罪！各位，我们中华民国是不是四强之一？""是的！"群众像放炮似的发出了共鸣的回答。

"我们既然是四强之一，既然是堂堂的战胜者，为什么还会在战败者的面前低头，还会在战败者的面前受辱，还会让战败者骑在我们的脖子上欺负我们、压迫我们？！"陈炳基继续说。"对啊！不行！"群众发出了雄浑的怒吼，这声音像火山爆烈时一般的使天地都为之震动。

"台湾在日本的铁蹄下喘息了 50 年，苦熬了 50 年，然而在光复后的今日，仍然继续地受他的欺侮，各位，这简直是台湾同胞的耻辱，是我们整个中华民族的耻辱，为了拯救被关在牢狱里的无辜的同胞，为了伸张正义，为了寻求真理，为了祖国的将来，为了中华民族的将来，我们应当请政府在外交上向国际法庭要求公正的裁判，我们要拿出台湾青年的力量，我们要发挥革命的精神，我们要提高强大的民族意识；我们应当团结一致誓死做政府的后盾，我们要争取独立国家的国格！"掌声顿时从四面八方响起，陈炳基抹了抹头额上的汗珠，继续地挥舞着拳头，红着脸，切齿怒目地用最大的力量嘶喊下去，"虽然日本被打败了，但日本法西斯军阀及其走狗仍然在跃跃欲试的想死灰复燃，仍然怀着再度吞并台湾剥蚀中国的野心，现在我们要严加防范，如果现在不彻底地把法西斯的细菌消灭掉，将来总有大祸临头的一天，各位同胞，只要你们的心没有死，你们总该不会把法西斯强盗毒杀我们同胞、压榨我们血汗的恶劣行为从你们的记忆里忘掉吧，各位亲爱的同胞，我们不能再放任他们那样做了，我们应当首先团结起来，首先使自身健全起来，这样才能发挥我们的最大的力量，这样我们才有希望，才有光明！"

大会结束后，学生们在中山堂门前集合准备游行，在现场的宪兵第4团的团长张慕陶上前劝陈炳基：已经开了大会就不要游行了。陈炳基毫不理睬他，高呼："出发！"于是数千与会学生和民众浩浩荡荡一路游行到台北美国领事馆、长官公署递交抗议书，这是台湾第二次世界大战后第一起大型的抗议示威活动。

此外，1946年年底发生在北平的"沈崇事件"也令台湾各校学生决定在1947年1月9日发动反美暴行的示威大游行，包括台湾大学、延平学院、建国中学、成功中学等台北市中等以上学校学生大举联合走上街头，向长官公署请愿。

据陈炳基回忆，当时他还动员其表哥巫金声开着一辆小卡车一起去各校宣传演讲，每到一个学校，陈炳基就跳上卡车，大声疾呼，向校内的同学们发表演讲，呼吁学生参加游行示威活动。最后游行队伍回到中山公园（现台北二二八纪念公园）后，台大学生把站在游行队伍最前列的陈炳基推上讲台，陈炳基面向学生们大声呼吁："成立全省学生联盟！"经过这次游行，外省学生和本省学生联合起来了。

在对台工作第一线鞠躬尽瘁

1945 年，中国人民取得抗日战争的伟大胜利，日本在台湾长达 50 年的殖民统治画上句号，但国民党收复台湾后，很快就露出了其腐朽的一面。陈炳基积极阅读了日本京都大学教授河上肇的《第二贫乏物语》和大山郁夫等宣传社会主义的日文书刊，开始接受马克思主义，甚至产生在台湾组建共产党组织的念头。

1947 年 2 月，台湾人民反抗国民党反动统治的"二·二八事件"爆发，陈炳基积极组织学生，密谋发动武装起义，但由于种种原因未能执行。"二·二八"事件后，陈炳基因积极领导学生运动而被学校开除学籍，并遭到国民党当局通缉。1947 年 5 月，陈炳基渡海来到上海，他进一步深刻地认识到，只有中国共产党领导的新民主主义革命才能救台湾、救中国，这是人民翻身解放的唯一正确的道路。

1947 年 7 月，陈炳基加入中国共产党，成为中共台湾省工作委员会的地下党员。陈炳基利用自己台湾学运领袖的关系，积极在台北各院校宣传党的思想和主张，并发展和壮大党的力量，积极发展中共党员。在他的直接影响下，当时的台北二中有多人参加中共台湾地下党组织。

1949 年 7 月，陈炳基加入台盟。从 1952 年到台盟工作以来，陈炳基一直工作在对台工作第一线，他坚信并期盼宝岛回归、祖国能早日统一。他从事台盟工作长达 34 年之久，为协助党政部门和敦促台胞所在工作单位做好落实各项有关政策、平反冤假错案、退回私有房产、帮助下放台胞调回北京、帮助待业台胞青年就业、优待录取台胞上大学献策奔走，为台胞入党、入团、参军等做了一系列艰苦而细致的工作。许多北京的盟员和台胞都亲切地把北京市台盟称为"台胞之家"，在京的二代台胞都亲切地称呼他为"大叔"。

直到晚年，行动不便的陈炳基仍坚持扶着拐杖参加台盟举办的各种对台活动，并非常乐意与青年人分享他的观点和看法。

2015 年 7 月 13 日，陈炳基因病医治无效不幸逝世，享年 88 岁。

杨春松、许良锋 我的父亲母亲

杨幼瑛

父亲和母亲

1929 年，年仅 17 岁的母亲许良锋与父亲杨春松在台湾中坜结婚，当时父亲是在保释期间。从此，她和父亲相伴相随一起走过风雨坎坷。在我的记忆中，我从没听到过母亲对人生选择的抱怨，我想她是无怨无悔的。

父亲第一次是于 1926 年夏，响应台湾著名爱国将领李友邦先生的号召，赴广州投身中国革命，并与 1926 年加入中国共产党。1927 年 "四·一二" 反革命政变后，受中共的委派回到台湾中坜从事农民运动。1930 年初，为摆脱日本殖民当局和台北高等法院的追捕（二·一二事件）逃到上海，找到上海台湾反帝同盟重新开始活动。

作者父母亲年轻时合影

上海台湾反帝同盟是一个秘密的抗日团体，也是台湾共产党的青年组织和她在大陆的一个活动据点。她以台共林木顺、翁泽生为核心，由在上海的一批台湾进步青年学生组成，骨干 60 多人。1930 年，为适应形势需要，台湾青年团改称上海台湾反帝同盟，正式成为上海反帝大同盟所属的一个分支。

父亲在台湾反帝同盟内，主要担任组织和宣传工作，并兼任机关报《反帝报》编辑。当时在机关工作的还有：林木顺、王天强、廖兴顺等台籍人士。

1930 年母亲逃离台湾。在自述中说："我于 1929 年与杨春松结婚，当时他在家乡从事农民运动。在老杨的影响和帮助下，开始懂得一些革命道理，对他的工作也表示理解。婚后不久，由于日帝迫害青年，到处抓人，他不得不转入地下，秘密潜入上海。1930 年为了找老杨，我乘船经日本去上海，不巧上船后被日本警察发现，被扣留 3 天，未能走成。后来我女扮男装，逃出台湾秘航去上海，好友李春珍、陈良帮了大忙。到上海后，经国医大学一个同志才找到老杨，随后与杨住在机关。"

母亲说，离开台湾时谢雪红特意到台北火车站送行。当火车启动时，谢突然往母亲手中塞了一团手纸，还急匆匆地说了一些什么。在人声车鸣的喧嚣中，母亲没有领会她的"临别赠言"，懵懂中走上了征途。那团手纸，没被留意，当作手纸用掉了。许久以后母亲才被告知，"那团手纸"是岛内台共用隐形墨水写给上海党组织的报告。恍然大悟之后，母亲为自己的失当深感懊悔。所幸，那份文件没有落入敌人手中而给组织带来损失。

父母亲在法租界霞飞路租了一间房子安了家。

母亲在上海除了料理日常家务以外主要协助父亲做秘密工作。她在自述中说："1932 年，我曾在上海中国社会科学研究会主办的暑期学校（我党开办的训练班）学习。主要学习马列主义基础知识。（在暑期学校教书的老师中，就有新中国成立初期的著名哲学家张如心和马克思主义政治经济学家王学文）同年加入中国共产党。介绍人是李萍和老曹。入党后编入法南区委马浪支部，从事组织抗日游行集会，书写标语传单等。1932年上海事变后，调到法南区担任交通联络员，参加反日运动。"

作为一个革命者，在严酷的白色恐怖笼罩下工作是要具备很大的勇气和毅力的。回忆往事时，母亲曾讲述过动荡岁月里的经历：夜晚她一个人急匆匆往家赶，突然发觉路边似乎有什么异常，马上急中生智，走向另一个路口。在街上母亲警觉地观察，又在附近街区徘徊，心里焦虑不安但又不露声色。直到偶然与一个路人相遇，发现是父亲，他也是在发现有异常情况后，没有贸然回家，在附近观察多时了。

1932年父亲被捕，随后被押解回台湾。

1933年翁泽生被捕，随后也遭返台湾。

林木顺离开上海去了江西中央苏区。上海台湾反帝同盟被迫停止活动。

母亲因自己所在的地下党组织也遭破坏，便带着不满1岁的孩子返回台湾。

父亲因有"前科"，是"二·一二事件"中的"逃犯"，先补服刑10个月。1933年刑满后又因在上海的反日活动被判5年徒刑，再次被关入监狱，直至1938年才获得自由。据林殿烈（林田烈）先生回忆，当年他就是在监狱中认识了父亲，并与之结下了深厚的友谊。

当父亲在台中监狱服刑期间，年迈体弱的祖父过世了，一个儿子也因病夭折。母亲开始独立谋生，她在镇边租了一间房子，买了一台缝纫机和一张桌子开了一家裁缝店。含辛茹苦带着孩子等待父亲出狱。

1938年，服刑5年期满的父亲出狱了。不久举家迁往日本，以便寻机回大陆参加抗日活动。无奈由于日本当局的严密监视，未能如愿。

在日本期间，母亲曾就读于东京一所著名的高级洋裁学校，并以优异的成绩毕业。她天资聪慧、心灵手巧，不论是服装的设计、制版、

1947 年在东京本乡区西片町家门口合影

裁剪，还是缝纫工艺样样精通。学校的女校长很赏识她，曾极力推荐她到一家高级女子服装店工作。由于一个诺大的家庭需要自己去操持，母亲只能谢绝。

1945 年 8 月 15 日，父母亲在东京迎来了具有历史意义的日本投降的日子。无数台湾的革命志士常年为之奋斗的台湾的光复，终于在世界反法西斯战争和中国抗日战争赢得伟大胜利的时刻实现了。在这振奋人心的日子里，侨居日本多年，肩负着革命使命的父亲与志同道合的朋友们一道，为团结在日的广大侨胞，创立不分省籍的侨会而夜以继日的工作着。父亲被推举为与台湾同乡会合并后的东京华侨联合会副会长。

日本投降初期，有少数在战时被押解到日本当劳工的八路军和新四军战俘正在等待安排返回祖国。日本外务省和国民党政府"驻日代表团"，别有用心的企图把他们和大批国民党战俘一起送到华东一带蒋管区。父亲等人得知这一情况后便立即行动起来，和有关当局进行严正交涉并据理力争，最后迫使他们同意把八路军和新四军战俘送回人民武装力量频繁出没的天津塘沽一带，从而使这些战俘顺利地回到了目的地。同时也大大地推动了包括花岗地区在内的中国在日劳工的遣返工作。

为了把国内的形势和中国共产党领导的人民军队不断取得胜利的消息，及时准确地传递给爱国侨胞和日本人民，父亲他们决定立即着手创建中国通讯社。大约在1947年六七月间，中国通讯社正式宣告成立。曾永安任社长，李铁夫任总编辑，邱绍棠负责总务，许光烟负责涉外工作。在美军占领时期，日本的传媒机构无权在海外设分社，因而得不到有关中国的确切消息。中国通讯社作为中国在日华侨的唯一传媒，冲破了占领当局的封锁，为在日传送新中国诞生的消息和中华人民共和国的声音起到了不可替代的作用。

大约从1947年上半年开始，从香港方面由陈金石、林良才、林田烈陆续给东京的杨家寄来香港版的《文汇报》、《大公报》、《华商报》和《群众》杂志，北平解放后还有《人民日报》等。在母亲的带领下，全家人一起动手加以分类，然后由表哥许光烟和大哥国光、二哥潮光分送给日本各大报，如《朝日新闻》、《每日新闻》、《读卖新闻》、《东京新闻》、《赤旗报》等，以及日本外务省、通产省和朝野各党党部。许光烟还把报纸送给国民党"驻日代表团"的国民党爱国将领商震将军和谢南光先生等人，也送给侨会、侨团人士。父亲因工作关系往返于日本和香港之间，很少在家。母亲带一家人主要靠卖报收入维持生活。无论何时，不管环境多么艰苦，母亲始终全力支持和协助父亲的革命活动。

父亲的活动，引起了美占领军的警觉，在日本报纸上不时出现视他为"在日中共头号人物"、"中共头目"的报道。美国国务院1949年编写的题为"岛内外台共的活动"的一篇内参中也提醒说，日本的杨春松和香港的《大公报》记者李纯青均已加入中共，而原在香港的台盟主席谢雪红、盟员苏新、杨克煌、潘钦信、林良才、肖友山等人则在国民党失守北平、天津后陆续去大陆投靠中共，等等。

1950年朝鲜内战爆发，驻日盟军总司令麦克阿瑟为巩固其后方率先取缔以共产党为代表的日本民主势力，下令禁止其中央委员从事政治活动。《赤旗报》被迫停刊。接着，总书记德田球一、野坂参三等日共主要领导人相继转入地下，并决定把中央所在地从东京转移到中国。父亲受托于日共中央，具体组织安排此项工作。

父亲及战友们就在美占领军眼皮底下把德田球一等日共领导人一一从东京转移到大阪、神户等地，然后与中共有关方面积极配合走海上通道，把他们安全送抵北京。

随之，父亲同生活和工作12年之久的日本告别，最终回到了祖国的怀抱。

1951年，由于同样办理《大公报》等香港中文报刊在大阪的销售所人员遭到逮捕，按照日共中央的意见，母亲带着女儿们立即离开日本回国。他们离开不久家里就受到了当局的搜捕。

回国后还发生了一个小插曲。母亲和我的哥哥姐姐们在北京居住下来了。父亲当时在广东参加土改。一天下午，二姐在院子里跳皮筋，见一个人从大门口进来，用日语说要找许良锋同志。二姐冲着屋子用日语大声喊："妈妈，有客人！"等母亲出来一看，原来是父亲。这是回国后父亲与母亲第一次见面的情景。其实父亲说，他第一眼就认出这是他的女儿，于是才开玩笑用日语问话。

我以为父母亲在台湾在日本的经历像一个个传奇故事，但这确是这对台湾夫妇革命生涯中的真实记录。

母亲

母亲干练、坚毅、正直、富有同情心。

1956年母亲进入北京市服装鞋帽公司所属服装设计室工作，这是她心仪的工作。侨委的领导曾经提出让母亲去侨委工作，但她拒绝了，母亲希望用她的所学服务于新中国的妇女儿童，她以极大的热忱投入到平凡的工作岗位中。

母亲关心国外服装业的变化，长年自费订购日本权威的时装杂志，了解有关女装童装的最新流行趋势、服装科技等有关信息和资料。她热心无私的帮助同事提高业务水平，为新中国服装业的起步、发展和进步而努力工作。她的创意曾多次受表扬。那时，他们的服装设计室集中了许多爱国归侨知识妇女：甘丽娟、陈富美、李兆蓉、赖民姬、姜萱、梁阿姨，等等。大家一起讨论、研究、画图、设计，互相建议，共同创造，中午就围坐在火炉旁吃着各自带来的馒头、窝头片甚至白薯，畅想着服装设计将带来的美好前景。经过努力，他们把童装设计搞得有声有色：在中山公园举办童装展示并出售样装、出版了彩色童装杂志，展现了新中国少年儿童的幸福美好。

在工作期间，母亲还在北京劳动人民文化宫的服装设计培训班授课，满腔热情的培养未来的服装设计师们。记得即使在母亲退休后，仍有一些好学的学员会到家里来向母亲请教。

母亲的服装设计理念是超前的。可惜在当时新中国是百废待兴，服装行业发展的时机尚未成熟，后来又遇到一连串的变故，母亲的才华没能得到充分展示。

在使用布票的那个年代，母亲把服装的理念和创意实践到4个女儿身上，她用休息日自行设计、精心剪裁并亲手缝制漂亮合体的连衣裙、套裙、各种花色的可爱衬衫、不同式样的外套，还有活泼的裙裤、合体的西裤。我们的着装用的是普通面料，可经母亲亲手缝制，就格外精神、漂亮、与众不同，让许多同学羡慕不已。我记得上幼儿园时，穿过一条经过修改的毛料裤子，那是母亲收拾旧衣物时，挑出的旧裤子，拼拼改改，补上几个破洞再缝上"葵花"贴件，经熨烫后俨然变成新裤子。引来人们询问："你裤子上的向日葵花怎么那么好看？""这裤子哪买的？"谁会想到这是母亲的修旧利废呢。还有一次我放学回家，告诉母亲多人问我头上的毛线帽子怎么织的。母亲笑了。不久帽子就被借走了，从此再也没见过。那也是母亲织的，虽然只是用两种颜色编织的毛线帽，却因图案和搭配的新颖美观，惹人喜爱。我工作后，母亲给我做了新棉袄，又让我自己去挑花布要做罩衣，我却买回格布。母亲精心地把袖子领子的花格对称得一丝不苟，让我的同事们惊叹不已。

还记得大姐身着母亲量体裁制的套裙的照片被摆在了西单一家照相馆的橱窗里，令人驻足观看，人美服装美，洋溢着青春飘逸的神采。

不管住在哪里，母亲总是把居室布置得井井有条，窗明几静，用布艺把房间装饰的温馨舒适，让父亲安心在外工作，让孩子们有一个亲切温暖的家。

回国初期，一家人曾住在王大人胡同，四合院的外院，一个极为简朴甚至简陋的房子里。母亲扯了几块花布做窗帘，又在屋前窗下、在院子里栽满了各种花草：牵牛花顺着竹竿攀爬直到屋顶、太阳花、康乃馨、杜鹃花、夜来香，还有好玩的含羞草。高高低低、错落有致，远远望去，像是花的瀑布在流淌。简陋的屋子被母亲戏称为"小别庄"。

1958年我们搬到西便门。母亲在院子里搭起了葡萄架，栽种上魏正明夫妇送来的葡萄秧苗。又种上大丽花、向日葵、木槿、杜鹃花、玫瑰花、牵牛花，还有丝瓜和架豆，后来又种了石榴。如今当年的小石榴已长成两层楼高的石榴树。每年秋天满树的石榴，要爬上梯子才能摘下来。酸酸甜甜的石榴，是母亲留给我们的一种念想。

1962 年 5 月，父亲因常年积劳成疾不幸病故。那年母亲 50 岁，身边有 5 个还在上学的子女。在北京出生的我那年 8 岁，还不理解母亲的无助、辛酸，不会分担母亲的忧愁和艰难。记得 1969 年谢南光先生去世，母亲带我去探望谢伯母，谢伯母握着母亲的手久久不放，由衷地说，现在才体会到那时你有多难！我想善解人意的母亲是将心比心，在朋友困难无助时送上慰藉和同情，这时候我体会到母亲的坚毅和善良。

是的，即使在"文革"的岁月里被误解，长子被以莫须有的罪名投入监狱，整整 4 年，音讯全无，母亲始终保持着一颗赤子之心。

母亲是个很重感情的人。记得小时候母亲爱买甘蔗给我们吃。长长的甘蔗，母亲先用刀砍成几节，然后用刀或用牙齿把甘蔗皮剥掉，看我们吃得兴高采烈。想起来也许在母亲心里，更多看到的是家乡的片片甘蔗林吧！她是希望我们和她一起感受家乡的气息，哪怕仅仅一点点！

记得 20 世纪 70 年代在恢复举办纪念"二·二八"的活动会上，母亲又见到了许多老台胞。让母亲心痛而又感动的是又见到了林明美代表，母亲说，会后他们坐在人民大会堂的台阶上，一直聊啊聊，投入而又投机，忘了时间忘了寒冷，似乎要把憋在肚子里多年的经历和感触、委屈和希望全都倾诉出来。这幅画面定格在我的脑中，我把它取名为："嘤其鸣矣，求其友声。"

母亲有时也会谈到连贯伯伯、廖夫人经普椿来到家里的情景，感动之余，母亲会感到心中不安，不希望麻烦他们。

广安门中医研究院的林大夫、黄文哲、陈木森、林紫云等大夫、傅力力、甘莹、郭平坦、林丽韫、陈炳基、田富达、魏正明王碧云夫妇、曾雪红，天津的曾明如，上海的林田烈李淑卿夫妇、洪山海吴金香夫妇、许文思，广州的林良才，等等，都是母亲时常惦念的台胞乡亲。母亲感谢他们以各自的方式表达出的关心，它给母亲的晚年生活带来的也绝不仅仅只是温暖。

记得父亲去世后，母亲每年都能收到从日本东京华侨总会寄来的挂历和问候，即使在"文革"中也未间断。

20世纪70年代初，参加广交会的旅日台胞北上时，常会抽空来家里探望。吴永泰夫妇、陈辉川先生、张廖富源先生、廖春木，还有叶祥风先生等。向远去的逝者送上一片哀思，向持守的生者递来抚慰和同情。每逢此时，母亲总是很感动感谢，此情此意，重过黄金。

在母亲数十年的岁月里，结识了不少杰出的女性。如何香凝、谢雪红、刘静淑（王学文的夫人）、翁会巧（彭泽民的夫人）、李律声（曾泽生的夫人）、谢鸳鸯（谢溪秋的夫人）、廖梦醒、彭汉平等。她们之间的往来，无关利害。她们之间的相处，亲切、信赖，是人生的一种享受。

晚年的母亲依然很美，华发遮蔽不住那光洁的额头和笔直的鼻梁，细长的眉毛下是一双秀美的眼睛，嘴边总是漾着亲切而慈爱的微笑。

但"文革"的精神摧残，透支了母亲的健康，她太操心太疲劳了。1977年母亲病倒了，永远离开了我们。

母亲，在你的告别会上，王伯伯带着子女来了，廖公来了，肖向前、孙平化、王晓云来了，还有一些日本友人也来了。

在京台胞，在苏老带领下，许多人也来了。

母亲，你是受人敬重的。

母亲是那个特殊时代造就的、令人尊敬和无限缅怀的优秀的台湾女性。我们永远怀念她。

又及：我参加了北京市台联组织的闽南话学习班，希望这样可以跟母亲更轻松的交流。冥冥中，我看见远远的天上父母亲在望着我、倾听着，目光充满赞赏和鼓励，我于是翻开课本大声念起来。①

---

① 作者：杨幼瑛写于 2012 年 8 月，原题为《怀念母亲》。

记台盟第二届总部理事会主席蔡啸

蔡啸（1919—1990年），原名苏汉钦，台湾台南人。1934年离开台湾到福建，1937年8月投身革命，参加福建龙岩闽西红军第二游击支队，1939年加入中国共产党。历任战士、排长、连长、营长、作战科长、团长、副师长、航校校长等

蔡啸（1919—1990年），台湾台南人

职，是中国共产党第十届、第十一届中央委员，第五届、第六届全国政协常委，并任全国政协副秘书长，台盟第二届总部理事会主席。

本文根据汪毅夫教授提供的蔡啸自述，以及蔡啸家人提供的蔡啸手稿等相关文献，记叙蔡啸从台湾到祖国大陆投身革命的戎马人生，以及后期从一名优秀的军事指挥员转为政治工作者，为台盟的建设与发展，为故乡台湾回归祖国做了大量有益工作的若干事迹。

早年成长过程中的两次重要人生抉择

蔡啸出生于日据时期的台湾，他早年成长过程中曾有过两次重要的人生转折点：一次是 15 岁时只身一人离开台湾到了祖国大陆；另一次是 18 岁时参加了中国共产党领导的抗日游击队。这两次重要的人生抉择也就此决定了蔡啸投身革命、纵横沙场、为国效力、情系故乡的后半生。

从台湾到祖国大陆

汪毅夫教授提供的蔡啸自述材料中记录了他离开台湾、回归祖国的动因：

> 我亲眼看到我真正的家庭是穷苦的家庭，无理可说的"法律"就是理，我怪到"法律"，法律是日本帝国主义订的，所以我也怪能治台湾的日本……这时候我想到祖国，应该离开这血淋淋的地方，到祖国大地上去，独立自主的生活吧，这就是离开台湾的动机。

蔡啸自幼因家庭贫困被卖给别人做养子，继父家备受欺负和歧视的生活让他日夜思念亲人。1933 年的一个夏天，蔡啸偷偷跑到农村找到了他朝思暮想的家，然而，"'法律'不容许多等留，村警察派出所催迫着"，相聚了短短不到 6 个小时，蔡啸就被迫重返继父家，且"立即遭受严厉的责斥，并禁止再相见"。

一纸卖身契将血肉亲情生生隔断的惨痛经历使蔡啸开始思索造成这些悲剧的原因，他痛恨日本帝国主义对台湾的践踏，离开台湾，回到祖国的怀抱，寻求独立自由的出路渐渐成了他坚定的信念。

同年，蔡啸在台南市一家土特产商品陈列馆当练习生，第一次接触到了家庭以外的社会，据蔡啸自述中记叙这段经历：

> 在生活中我知道台湾人在同一场合是不平等的，他们随便打台湾人，并诬为"亡国奴"。"亡国奴"这名词引起了我的好奇，想到应该知道祖国，后来问家长，知道祖国就在台湾对岸……从这时起，我向往着祖国。

1934年春，15岁的蔡啸在不会说一句普通话、没有一个亲人朋友的情况下，毅然离开了养父母的旧式家庭，离开了日本帝国主义统治下的台湾，只身一人回到祖国大陆。

走上革命道路

蔡啸回祖国大陆的第一站到了厦门。在厦门期间，蔡啸先后在市立商业双十中学学习普通话，在照相馆、镶牙店当练习生，在西医院当推销员，投考警士训练班，到渔船上当帮工。在警士训练班时，蔡啸逐渐感觉"这些人态度横蛮，比日本警察士兵还凶，遇一不慎，就处以肉刑"。

1935年冬初，蔡啸看到国民党中央军在招兵，便怀着"国家兴亡，匹夫有责"的信念去应征，哪知却因台湾人的身份而被疑作日本特务，收押入狱，拷打审讯，关了77天才被释放。

这段颠沛流离的日子使蔡啸逐渐认识到国民政府的黑暗和中央军的残暴，他在自述中写到：

> 这种生活使我增加了很多见识，台湾也好，这里也好，总之社会是一样的，在台湾母子相见犯法律。这里参军杀敌救国是犯法，监狱里为什么尽是穷人？天天都有绑出去枪毙，为什么枪毙的也尽是穷人？

出狱后的蔡啸到了厦门新中华印刷所当学徒，在这里，他接触到了原在江西瑞金苏维埃政府印刷厂工作的进步人士廖青。蔡啸在自述中写到：

> 这时期内，我已经知道资本家对工人的剥削，也在廖青同志的帮助下，知道祖国还有另外一支军队，是被压迫穷人自己组织起来的好军队，共产党是这支军队的领导者。

从故乡台湾到祖国大陆的所见所感，再加上进步人士的影响，促使蔡啸最终走上了革命道路。1937年8月，经廖青介绍，蔡啸在福建省龙岩县白沙参加了闽西红军第二游击支队，从此开始了他的革命生涯。

纵横沙场的革命生涯

"新生命的起点"——参加闽西红军第二游击支队

在闽西红军第二游击支队，蔡啸任政治部宣传科干事、文书、宣传员，参加了反逃亡斗争会、三民主义和共产主义区别的讨论会、反何鸣投降主义报告会、向江南敌后急行军、地方工作干部训练班、扩军比赛等一系列革命活动。在中国共产党领导的人民军队中，蔡啸第一次感受到了同志间的团结友谊和革命大家庭的温暖，他在自述中写到：

> 经过这一系列的革命活动，对我是新生命的起点。……给了我莫大的温暖和安慰，使我承认并完全相信这是一支好的军队，在这支军队里，人是愉快的，我也开始懂得了我们军队是哪些人组成的，为谁革命，革命为了什么等道理。

加入中国共产党——在皖南新四军教导总队学习

紧张的部队生活中，蔡啸逐渐感到自己"在政治上先天不足，革命道理懂得不多，文化水平不够"。因此，1938年年底，蔡啸被调到皖南新四军教导总队学习，这是培养抗日军政干部的一所"抗大"式学校。[①] 在这里，蔡啸接受了政治、文化、军事等各方面的培养和教育，他在自述中写到：

> 1938年年底进入教导总队第三队学习……直至一九四零年年底离开这段时期要求进步很急，全部精力集中在学习上……在政治上、军事上、文化上、工作能力上是空前的提高。

在教导总队期间，蔡啸于1939年加入了中国共产党，"经过入党前的教育和入党宣誓教育明确了革命最终的目的和共产党员何时发挥作用"。

锻炼和考验——在茅山地区坚持斗争

1940年秋末，国民党顽固派策划的第二次反共高潮一触即发。中共中央为了维护抗日民族统一战线，决定教导总队撤出皖南，北上渡江东进，在苏北深入敌后开展独立自主的抗日游击战争。

教导总队撤离时，蔡啸随支队先行撤离至茅山地区，并奉命组成茅山四县（金坛、丹阳、句容、溧水）总会第二连，负责掩护地方党政机关，接送渡江人员，警备地方治安等任务。

1941年春皖南事变爆发后，茅山地区遭到国民党反动派的"围剿"、"扫荡"。面对日益险恶的形势，茅山地区特委决定改变武装斗争形式，成立便衣短枪队，并委任蔡啸为队长。

在手稿《茅山斗争半载》中，蔡啸回顾了这段困难重重、紧张艰险的斗争岁月：

> 任务是艰巨而严重的。短枪队活动初期，困难重重，日

[①] 八路军在延安和华北各抗日根据地设有抗日军政大学及其分校，新四军在皖南地区所设立的学校称为教导总队。

伪实行三五里一个碉堡、封锁沟墙，村村连坐等反动措施。加之皖南事变的噩耗传来，人民群众不敢接触我们……只好经常分散露宿于稻草堆里……忍饥挨饿去行军、战斗……经过半年左右的斗争，终于配合主力部队（新四军六师十六旅四十六团）拔掉了几个据点，打了几个胜仗，基本完成了短枪队的历史任务。

在茅山地区的游击战争中，年仅 24 岁的蔡啸出色地完成了任务，自身也经受了考验，得到了锻炼：

困难都被我们一一克服了……使广大人民群众了解到革命军队依然存在，提高和稳定了群众斗争的情绪……我得到了锻炼和考验，在政治和军事各方面都进一步得到提高……

政治上日益成熟——在苏中地区开展工作

1941 年 6 月，蔡啸奉命调回新四军第 6 师 18 旅，并于 1942 年 1 月担任教导大队大队长，1943 年 1 月又任苏中江高宝（江都、高邮、宝应）分区司令部作战长。

从 1941 年皖南事变后，敌后抗日战争形势更为艰难。国民党的反共倾向日渐增长，采取"消极抗日、积极反共"的政策，日伪军则对共产党军队开展了大规模的"扫荡"和封锁。在险恶的政治军事环境中，蔡啸带领部队在苏中地区开展了顽强的斗争。蔡啸自述中写到：

在江高宝地区的敌人封锁内穿插……随时注意布置和把握敌情，抓紧时机进行单独的、较大的战斗并取得胜利……在屡次大小扫荡合击之间，军事行动正确，经常在其他同志睡觉后检查哨位，调查敌情、侦查路线……

在这段时期，蔡啸在政治上也日益成熟，他的自述中写到：

对政治理论学习发生了很大兴趣，更正了单纯的军事理念，打下了关心政治、重视政治学习的基础……一九四五年一月到七月参加苏中党校第三期整风学习。这是一次很有意义的思想改造，对我进步发挥了巨大作用……政治思想上共产党员的作风、理论学习的注意上、工作方法的改进上都继续提高了……这是我革命以来的一次跨越。

"解放家乡台湾"——在新中国成立前后

在三年解放战争中，蔡啸一直任职于主力部队，他先后在华野1纵队任4团参谋长、纵队司令部作战科长、纵队教导团教育长以及177团副团长，参加了莱芜战役、淮海战役、渡江战役和解放宁、沪、杭等著名战斗，出色地完成了各项作战任务。

随着全国解放的日益临近，解放家乡台湾成了蔡啸强烈的愿望，他在自述中写到：

> 打过长江解放京沪杭之后，正值情绪非常高元，眼看国民党支离破碎，不久大陆全部解放，然后解放我的家乡台湾……

新中国成立后，蔡啸在上海军事接管委员会任处长，后被调到3野9兵团台湾干部训练团（简称"台训团"）任团长。"台训团"是1950年4月8日在上海莘庄成立的，成员主要是从各个战斗部队抽调的台籍指战员。组建这支队伍的目的就是随主攻部队攻打台湾，担任地方接收工作。

在1950年8月13日一封给谢雪红的信中，蔡啸写到了当时"台训团"的情况：

> 全军（台训团在内）立即转入整编复员、土改教育、整党整风。由于准备工作的必要延长，因此，整编复员对于台训团还是相适应的，必须执行的，我们正等指示，同时也在

逐步准备中。

朝鲜战争爆发后，因为国际国内形势的变化，攻打台湾的计划改变，"台训团"也随之解散。此时的蔡啸积极要求回到部队，参加了抗美援朝。据蔡啸自述中记载：

> 攻台任务延期后，在抗美援朝开始之时，我要求回战斗部队工作，接着我团出发朝鲜，胜利完成任务。

为建设人民空军做出积极贡献——在空军工作时期

抗美援朝结束后，蔡啸调往空军工作，先后担任中国人民解放军空军16师副师长兼参谋长、第九航空学校副校长、第十七航空学校校长、空军工程学院训练部副部长等职务。

在空军工作的20多年时间里，蔡啸为人民空军的建设和发展，做了许多卓有成效的工作。1955年，蔡啸荣获二级独立自由勋章、二级解放勋章，并被授予上校军衔。1960年晋升为大校。1988年被授予中国人民解放军独立功勋荣誉奖章。

从优秀的军事指挥员转向政治工作者

当选台籍中共中央委员

在1974年7月19日的手稿《在新任务面前》中，蔡啸写到：

> 我的工作任务已发生变化……去年下半年，在祖国大陆上的台籍党员、干部和群众代表，在人民大会堂台湾厅举行了两次有历史意义的集会：协商选举台湾省"十大"代表、协商选举台湾省四届全国人大代表……在这新形势下，我这个出生在台湾省的党员被推上新的战斗岗位……

这里所说的新工作任务和战斗岗位，就是蔡啸当选了台籍中共中央委员。[1] 从此，蔡啸由一名优秀的军事指挥员逐渐转向一名政治工作者，工作重心也逐渐由部队转向了统一战线和对台工作。

1975 年，时任总政治部联络部副部长兼中华人民共和国体育协会台湾省体育工作联络处主任的蔡啸，负责第三届全运会台湾省体育代表团的组建工作。这是新中国成立以来第一支参加全运会的台湾省体育代表团。代表团共 279 人，其中运动员 190 人，由台湾省以及居住在祖国大陆、港澳及旅居海外的台湾省籍体育工作者、运动员组成，蔡啸任团长。在 9 月 12 日举行的全运会入场式上，当蔡啸率领台湾省体育代表团出现时，立即引来在场观众和记者的关注，这也成为那届全运会的亮点之一。

担任台盟第二届总部理事会主席

"文革"后期，各民主党派逐步恢复活动，此时的蔡啸担任了台盟总部临时领导小组组长，开始参与台盟的全面恢复与建设工作。

1979 年 10 月 11 日至 22 日，台盟第二次全盟代表大会在北京召开。这是台盟自 1947 年在香港成立以来召开的第一次全盟代表大会。

会上，蔡啸代表台盟总部临时领导小组作了题为《团结起来，为祖国统一和祖国建设的伟大事业贡献力量》的报告。报告总结了台盟的历史经验，明确了新时期台盟的工作任务：

> 在中国共产党领导下，调动盟员和所联系台胞的积极因素，联合一切爱国的台湾同胞，为实现祖国统一和四个现代化贡献力量。

会议选举出台盟第二届总部理事会，蔡啸当选为主席。

---

[1] 1973 年中共十大设立了台湾省代表团，并在会上选出蔡啸和林丽韫两位中央委员。

从台盟二大到三大（1979 年至 1983 年）的 4 年间，蔡啸作为主席，带领台盟在中国共产党的领导下开展了大量工作。台盟中央档案室保存的台盟第二届总部理事会历次全体会议的工作报告等文献，可以较为全面地反映蔡啸担任主席期间领导台盟开展的主要工作，现摘录如下：

（1）1981 年 12 月 15 日至 18 日召开的台盟第二届总部理事会第二次全体会议上，蔡啸代表常务理事会做了工作报告。报告总结了自 1979 年 10 月第一次理事会以来的主要工作：

一、健全各地方支部领导班子，筹建新支部，发展新盟员。

……截至目前为止，我盟已有九个支部，两个支部筹备组。北京、上海、广州、大连四个支部已恢复。天津、武汉两个直属小组建成省、市级支部，福建省支部筹委会建成了正式支部。新成立了吉林省、云南省两支部。南京、沈阳成立了支部筹备组。两年前，我盟成员只有 156 人，现在盟员已发展到 600 人……

二、积极参与国家事务的政治协商，向党和政府反映盟员和所联系台胞的意见、要求和建议。

三、协助有关部门对盟员和台胞落实政策，帮助盟员和台胞解决工作和生活上的困难。

1981 年中共中央 38 号文件公布了"关于对大陆台湾同胞落实政策的指示"。总部和各支部对落实政策做了大量工作……有些重大落实政策问题，盟组织逐件认真协助有关方面复查，得到了解决。

四、调动成员和所联系台胞的积极性，做好岗位工作和其他社会工作，为四化建设贡献力量。

五、为争取台湾回归、统一祖国发挥台盟的作用。

(1)大力宣传党的对台方针政策。

(2)在中央的统一部署下，开展对台宣传活动。

(3)鼓励和帮助大陆台湾同胞同台湾亲友通信往来。

(4)促进通商。

(5)联系和接待海外台胞来大陆参观。

(6)研究台湾情况。

六、对盟员和所联系的台胞进行思想政治工作。

(2)1982年12月15日至18日召开的台盟第二届总部理事会第三次全体会议上，蔡啸代表常务理事会做了工作报告。报告总结了过去一年的主要工作：

(一) 发展和巩固盟的组织工作。

……一年的时间里，共发展了90名新盟员，恢复盟籍7人……

(二) 积极参与政治协商，向党和政府献计献策。

……把组织盟员认真讨论《中华人民共和国宪法修改草案》这项工作摆到盟务的重要日程上来……

(三) 为四化建设、文明建设服务。

推动盟员和所联系的台胞努力做好本职工作，积极为四化服务……

(四) 促进祖国统一工作。

(1)配合有关方面，大力宣传党的对台方针政策，造统一祖国之声势。

(2)鼓励并推动盟员及其所联系的台胞加强与台湾岛内外亲友的联系，促进"三通"。

⑶热情接待前来大陆探亲、访友、观光、贸易、学术交流的台胞，一方面做他们的工作，另一方面及时向有关部门反映他们提出的重要情况或建议。

⑷收集台湾资料，研究并介绍台湾情况，开展对台宣传，协助有关部门和单位解决对台宣传等具体问题。

（五）协助党和政府落实台胞政策。

（六）结合党和政府的中心任务加强做好盟员和所联系台胞的思想政治工作。

（3）1983年11月24日至12月5日召开的台盟第三次全盟代表大会，全面总结了以蔡啸为主席的第二届总部理事会四年来的主要工作：

一、通过思想政治工作，引导广大盟员在思想上拨乱反正，提高为社会主义建设服务的积极性。

在这四年中，始终把加强思想政治工作放在重要地位……盟员的精神面貌很好，台胞觉悟有所提高。

二、调动盟员和所联系的台籍人士的积极因素，为建设两个文明贡献力量。

三、促进祖国统一工作。

1、各级组织盟员和台胞认真学习党的对台政策，提高认识，统一思想，做好工作。

2、在统一部署下开展对台宣传活动。

3、鼓励和帮助盟员及所联系的台胞同台湾亲友通信联系。

4、接待前来大陆探亲、访友、观光、贸易、学术交流的台胞，对他们宣传党的政策，介绍祖国大陆的真实情况，交换意见，鼓励他们为祖国统一贡献力量。

5、对台湾问题的了解和研究。

四、协助中国共产党和政府落实政策，调动台籍知识分子的积极性。

四年来在各有关单位和台盟各级组织的努力下，我盟盟员中的冤假错案现已基本上得到平反昭雪，被错划的右派已全部改正。

五、参加国家政治生活，发挥民主监督作用。

现有台盟盟员被选为全国人大代表的有十人，省、直辖市人大代表三十人，省市人大常委八人，全国政协委员二十人，政协常委四人。省市政协副主席四人，省政协秘书长一人，省市政协常委十三人，还有一些盟员担任了党和政府部门、各级政协的领导职务。

六、建立和健全盟的各级机构，恢复和发展组织。

现在，我盟在全国共有十一个省市一级的地方组织……二次盟代会时，我盟成员只有一百八十八人，现已发展到七百三十人，增加约三倍。

从以上文献中可以看到，蔡啸担任台盟第二届总部理事会主席期间，主要在三个方面开展了许多卓有成效的工作：首先是在恢复健全台盟地方组织、发展有代表性和影响力的新盟员方面取得了重大进展，为台盟在新时期的发展壮大奠定了坚实的组织基础。其次是随着我国进入改革开放和社会主义现代化建设的新时期，逐步把台盟的工作重点转移到为社会主义现代化建设服务上来，在改革开放之初着力协助党和政府落实台胞政策，帮助解决了一批台胞的工作生活问题，同时，带领全体盟员积极参与中国共产党领导的多党合作事业，开展多种形式的服务"四化"建设活动。其三是在中共中央对台大政方针转变的历史背景下，发挥台盟的独特优势，广泛联络海内外台胞，大力宣传"和平统一"的对台政策，积极促进两岸"三通"。

蔡啸在担任主席期间，为台盟在"文革"后全面恢复、开展工作以及发展壮大组织做出了重要贡献。今天，台盟盟内许多老同志都对蔡啸有很高的评价和怀念。现任台盟中央常务副主席汪毅夫教授是研究盟史的专家，他曾表示：

> 虽然没有见过蔡啸同志，但对他怀有很深的敬意，他是台盟发展历史上承前启后、继往开来关键点上的一位重要领导人。

结语

台盟第二届总部理事会主席蔡啸出生于日据时期的台湾，15岁时就只身一人离开台湾到了祖国大陆，18岁时参加了中国共产党领导的抗日游击队。台湾殖民地的成长经历是影响蔡啸离开台湾到祖国大陆的重要因素，而大陆国统区的所见所感以及进步人士的影响是蔡啸走上革命道路的促成因素。

蔡啸从一名普通战士成长为优秀的军事指挥员，后期又投身于统一战线和对台工作，特别是为台盟在"文革"后全面恢复、开展工作以及发展壮大组织做出了重要贡献。蔡啸的身上，充分体现了台盟老一代领导人爱国爱乡、奋斗不息的光荣传统。

悠悠九十载　拳拳报国心

——记台盟第三届总部理事会主席苏子蘅

苏子蘅（曾用名：宋明）（1905—1996 年），台湾彰化人。1928 年 1 月加入中国共产党。曾任第一届北京市政协委员（从二次会议开始），第二、三、四届北京市政协委员，第三届全国政协委员，并任第三届台盟总部理事会主席，第四、五届台盟中央名誉主席。

苏子蘅（1905—1996 年），台湾彰化人

追求真理、探索革命道路

苏子蘅于 1905 年 10 月 1 日生于台湾彰化市。在兄弟姐妹中排行最小，七八岁时，父母亲相继过世，在其兄长的抚养下长大。

由于当时的台湾处于日本的殖民统治之下，台湾人若想进修学业，只能到日本接受教育。苏子蘅于 1924 年考入日本冈山第六高等学校，1927 年春考入日本仙台东北帝国大学（应用化学系）。接受日本教育，并没有使他忘记自己的故乡——台湾，多年来自己所目睹的日本对台湾的殖民统治，使得苏子蘅先生的民族意识更加强烈。他一边求学，一边探寻救台湾的道路。在大学期间，他接触到了中共旅日组织，并深受其影响。他阅读了《共产党宣言》、《唯物史观》等一些进步书刊，对共产主义有了初步认识。他晚年曾跟他的儿子苏民生谈到：

当时"认识到要解救在帝国主义、封建主义、官僚资本主义三座大山的压制下喘不过气的祖国，只有在中国共产党的领导下，进行不懈的革命斗争，把希望寄托于中国共产党。对于故乡台湾的问题，我认为要摆脱日本殖民主义者的统治，实现理想的社会，只能依靠强大的祖国，寄希望于中国共产党领导的革命斗争"。

1928 年 1 月，经庞大恩[①]和扶学铣介绍，苏子蘅加入中国共产党，作为中共旅日总部仙台支部的一员，从此投身于爱国反帝革命斗争，走上了革命道路。

1928 年秋，仙台中国留学生反帝爱国活动受到日警镇压，苏子蘅作为活动领导人之一，被日本当局抓走，后释放。但是由于在警察署受到严刑拷打，身体受伤，后病情恶化，身体极度衰弱。在这种情况下，1928 年 7 月，党组织决定让他回到家乡台湾，在苏子泉的医院治疗。

1929 年 10 月，旅日中共组织遭受日本当局的全面破坏[②]，苏子蘅从此与党组织失去联系。在台湾的苏子蘅，也受到日本殖民统治当局的拘押，后经担保，赴医院治病。病愈后，于 1935 年至 1937 年在日

---

①后来参加红军，在长征中牺牲。
②1931 年 2 月 17 日日本《大阪读卖新闻》详细报道。

本仙台的东北帝国大学继续学习，毕业后回到台湾，在工厂工作。

在与组织失去联系的这段时间里，苏子蘅"心情万分痛苦，但对于为革命献身的决心并没有动摇，相信将有一天会找到党组织。"①②

北平五年，重投组织怀抱

在台湾期间，苏子蘅读到了美国记者斯诺撰写的《西行漫记》（《红星照耀下的中国》），了解到祖国大陆在共产党领导下的抗日战争形势，受到很大鼓舞，决心到大陆去，寻找党组织。1941年苏子蘅偕夫人甘端钗及儿子苏民生一起离开台湾来到北平。由于那时的北平是沦陷区，日本人把台湾人（还有韩国人）当作他的"二等国民"，认为他们不如日本人，但是比当地人好，要这些"二等国民"为日本人效力，给日本人当帮凶③。来到北平的台湾人不愿让日本人利用，但是，一旦找上门来，你若不答应，也会生出许多麻烦。为了躲避日本人的纠缠，很多人到北平报户口时，就把籍贯台湾改成福建或广东，多改为祖上到台湾之前的祖籍。于是苏子蘅一家将籍贯由台湾彰化改为广东汕头。

1941年8月苏子蘅经台胞张我军先生介绍，在北京大学理学院化学系任教，开始时聘为讲师，不久任副教授。虽然身为大学教授，但生活仍然窘迫。年轻时被日本人拷打后患肺结核，当时叫"痨病"，因为当时还没有特效药，尽管经过治疗控制住没有发展，但是并没有痊愈。因此，需要用大部分薪水买药和加强营养，时常入不敷出。那时

①苏子蘅的回忆录《仙台中国留学生的爱国反帝革命活动》，刊于《中共党史资料》第73辑（2000年3月）。

②1996年苏子蘅口述记录。

③"在敌伪占据时期，台湾人有些本领的如肯接受利用，要做个相当的官，十分容易，因为在大陆待过的台湾人，大概都通晓中日两种语文，又懂得两国的人情风俗，比汉奸腿子、日本鬼子和高丽棒子，都好用得多。"引自洪炎秋：《怀才不遇的张我军兄》，1976年4月台湾《传记文学》。

教书的收入是钟点费，为了多挣一点钱，他还在北京大学工学院和北京师范大学兼课。

1945 年 5 月，苏子蘅通过陈普缘先生的帮助，见到了晋察冀城工部①张大中同志②，并重新找到了党组织，在党组织的直接领导下，按照城工部的布置，积极联系、动员朋友、学生、同乡，如台胞李子秀、林思平、卢莉、白凤洋、黄仁和等人，到抗日根据地参加革命工作。③

1946 年苏子蘅及夫人上了国民党的黑名单，于是撤离北平，进入解放区张家口，并改名为宋明和甘莹。

创建台盟旅大支部

1948 年 9 月，经组织安排，苏子蘅调往东北解放区，在大连开展工作，当时在旅大地区的台胞约 20 户、70 多人，大都是日本投降后，没有回台湾而留下来的。这些台胞中间医务工作者较多，还有一些技术人员和工人，他们都拥护人民政府，愿意在共产党的领导下做好各自的工作。而原来的台湾同乡会已经解散，台胞之间没有什么团体组织。此间，苏子蘅夫人甘莹（甘端钗）女士于 1949 年 4 月返回北平，此时，台盟总部刚刚从香港迁来北京 1 个月，时任台盟主席谢雪红将甘莹女士留在台盟总部，作为自己的秘书，并担任华北总支部委员。1949 年 6 月，甘莹（甘端钗）女士告知苏子蘅：台盟希望在旅大地区成立支部，并希望他主持筹建工作。苏子蘅先生开始积极筹备，他在征求了简仁南、许义松、李辰、陈文等台胞的意见后，认为在大连成立台盟支部的条件已经存在。1949 年 8 月 8 日，苏子蘅向中共旅大区

---

①晋察冀是中国共产党领导下建立的第一个抗日根据地——晋察冀边区的简称，地处山西、察哈尔、河北三省交界处。城工部是刘仁同志领导的中共中央晋察冀中央局城市工作部的简称。
②张大中同志解放后长期在北京工作，曾任北京市人大常委会副主任。
③1995 年苏子蘅写给党中央的报告。

党委组织部傅忠海部长反映台盟总部的希望和征集台胞意见的情况，请组织上批准成立台盟支部。8月30日区党委陆毅秘书回复，领导上同意进行台盟支部的筹建活动，至于何时可以正式成立，要等待通知。1949年9月2日台盟总部寄来公函委托苏子蘅同志负责筹建工作。

在党组织的支持下，台盟旅大支部筹委会很快成立，经推选，苏子蘅担任筹委会主任。经过筹委会的努力，台盟旅大特别支部于1950年4月正式成立，选举简仁南为主任委员，苏子蘅和沈扶任副主任委员，其他筹备委员有：许义松、苏茂寅、李辰、周辉、陈文、黄清琴6位同志。

为新中国建设和台盟发展呕心沥血

1948年11月至1949年4月，苏子蘅参加筹建大连大学工学院。

1949年5月至1952年10月，苏子蘅任大连大学科学研究所研究员，室主任。

1950年8月召开中华全国自然科学工作者代表会议，苏子蘅（当时的名字是宋明，时任大连大学教授）和李伟光、魏正明、郑启栋、林树枝等5位台湾省同胞作为特邀代表参加会议。①

1952年，恢复原名为苏子蘅，经组织调动，苏子蘅到中国科学院院部，任计划局数理化组组长，在著名科学家竺可桢、钱三强领导下参加了学部组建工作。

1955年9月到1974年12月间，苏子蘅任中国科学院化学研究所研究员。他在研究岗位上，兢兢业业，孜孜不倦，为新中国的科学研究和建设贡献了自己的力量。

1956年，苏子蘅作为台盟的列席人员，参加了全国政协第二届第

①《中华全国自然科学工作者代表会议代表名录》，1950年8月。

二次会议，并与其他台盟委员一起，受到了毛泽东主席的亲切接见。

自 1956 年起，苏子蘅先后担任了第一至第四届北京市政协委员。并于 1959 年，当选第三届全国政协委员，后于 1965 年 12 月，当选为第四届全国政协常务委员，一直到 1977 年。"文革"期间，他因为其自台湾来大陆以及在晋察冀边区工作的经历，遭受了很大冲击，1968 年、1969 年期间，先后被两次抄家，并被"隔离审查"。周恩来总理得知后，亲自批示要对苏子蘅同志"在医疗、生活方面给予照顾，只参加轻体力劳动"。虽然经历诸多磨难，苏子蘅的信仰仍然无比坚定，1972 年开始，他又可以台湾同胞身份恢复参加社会活动。1973 年 2 月 28 日，参加了在人民大会堂举行的"纪念台湾人民'二二八'起义二十六周年座谈会"，并且作为台盟的代表作了发言。1973 年间，他先后两次陪同周恩来总理会见陈逸松先生。此时的他，对于以台胞身份重新回到社会活动当中，感到万分激动，他认识到，这不仅仅是他个人工作的重新开始，也表明了党和政府对台湾同胞的关怀和对台湾问题的重视。

"文革"后，苏子蘅旅居海外的亲友们都非常关心他的境遇，纷纷慰问。由于他们身居海外，当时对祖国大陆的情况知道得还比较少，由传闻和猜测而来的误解和疑虑很多，"文革"对社会的影响被种种传闻放大。苏子蘅不仅没有因为受到迫害而抱怨，反而以亲身经历说明那个历史时期的复杂情况，不要轻信种种传言，让海外亲友认识到——中国遭受到前所未有的浩劫，同时又依靠自己的力量重新赢得了光明，迎来了又一个春天。让亲友们更多地了解祖国大陆的真实情况和光明前景，呼吁他们为早日实现祖国统一作贡献。

1978 年 3 月全国科学大会在京召开。这次大会安排了由居住在祖国大陆的台湾省籍科学家组成台湾团，由著名化学家卢嘉锡担任团长，苏子蘅先生作为台湾团成员参加了这次盛会。代表团成员还有来自全国各地的台湾省籍科学家李辰、许文思、李河民、何斌、林栋、钱福星、方舵、蔡启运、陈水、王瑞丰、白俊雄，共 13 人，此外，在其他代表团中，还有其他省、市、部门推举出的几位台湾省籍人士。会议期间，方毅副总理看望了台湾省代表团并参加座谈讨论。同年，苏子蘅当选为第五届全国政协常务委员。

1979 年 10 月 11 日至 22 日，台盟第二次全盟代表大会在北京举行，选举了台盟总部领导机构，苏子蘅当选总部理事会副主席（兼职）。

1983 年的 11 月 24 日至 12 月 5 日，台盟第三次全盟代表大会在北京召开，中共中央书记处书记胡启立，政治局候补委员、国务委员陈慕华和全国人大常委会副委员长黄华出席开幕式，胡启立受中共中央委托宣读了《中国共产党中央委员会致台湾民主自治同盟第三次全盟代表大会贺词》，充分肯定了台盟在党的十一届三中全会以来，积极参与国家大事协商，协助党和政府落实在大陆的台湾同胞的各项政策，反映盟员意见和要求，推动他们在为四化建设服务中取得了可喜成绩。大会选举苏子蘅为台盟总部理事会主席，李纯青、田富达、钱福星、林盛中为副主席，徐萌山为秘书长。

1980 年 9 月，五届全国人大三次会议选举台盟总部副主席苏子蘅为宪法修改委员会委员，并作为最高人民法院特别法庭审判员，参与审判林彪、江青反革命集团案。11 月 23 日下午 3 时第二审判庭第一次开庭，开始了对吴法宪（原任中国人民解放军副总参谋长兼空军司令员）的庭审。这是对林江反革命集团案主犯的第一次庭审，特别引起重视。特别法庭庭长江华、副庭长伍修权、曾汉周、黄玉昆；特别检察厅厅长黄火青、副厅长喻屏、史进前都出了庭，分别在庭（厅）长、副庭（厅）长席上就座；此外，还有 14 名审判员、9 名检察员出庭。审判活动由第二审判庭审判长伍修权主持，审判员宁焕星、苏子蘅、翟学玺出庭，进行法庭调查。

1995 年，苏子蘅在写给党中央的报告中写到："自 1945 年我重新找到党组织，至今已 50 年。50 年间，我在每个工作岗位上，都曾经多次提出要求回到党的组织中来。由于种种原因，一直未能解决。"在党中央的直接关怀下，终于在 1995 年重新回到党组织中。实现了几十年的夙愿，他感到万分喜悦。他写到："50 年间，我始终为党的事业尽自己最大努力工作，把我所作的每一项工作都看成是党的工作的一部分。同时，我也亲身体会到党对我的关心、爱护和培养，从来没有把我当成外人，而是当成没重新履行手续的党的一员来对待。""我已年届 90，仍然要尽自己最大的努力，为党的事业继续贡献一份力量，为祖国的社会主义建设事业，特别是为实现祖国统一大业多做工作。"

苏子蘅于 1996 年因病于北京去世。

回顾苏子蘅先生的一生，是革命的一生、奉献的一生。他的足迹遍及台湾、日本和大陆。他不仅积极投身社会主义建设还为台盟发展呕心沥血奉献一生，谨以此文表达我们对苏子蘅先生深深的敬意和怀念。

（特别感谢汪毅夫教授对我们写作的大力帮助，也非常感谢苏子蘅先生的儿子苏民生先生对我们资料搜集工作的鼎力支持。）

附录：

苏子蘅简历

1905.10.1—1996.5.31

（曾用名：宋 明）

1905.10.1 出生于台湾省彰化市

1927.4—1929.7 就读于日本仙台东北帝国大学应用化学系

1928.1 加入中国共产党（介绍人庞大恩、扶学铣）

1929.9　因中共旅日总支部被破坏，在台湾被拘捕，准备押送东京，因伤病获准留在台湾监管。失去组织关系

1931.12.8　与蔡秋桐等云林地方文士在虎尾郡共同创办出版《晓钟》杂志。

1938.3.21　与甘得中之女甘端钗结婚

1939.1.17　儿子苏民生在台北出生

1945.5　与晋察冀城工部接上关系，在晋察冀城工部领导下，动员科技人员赴解放区

1945.9—10　带领一批科技人员赴晋察冀。到达张家口后，参加组建晋察冀军区工业部化学研究所，建立后任研究员，研究室主任

1946.1—1948.3　晋察冀边区工业部化学研究所研究员，研究室主任

改名为宋明，同时妻子改名为甘莹，儿子改名为宋民生

1948.11—1949.4　参加筹建大连大学工学院

1949.6—1950.4　参加筹建台盟旅大特别支部，任筹备组组长，成立后任副主委

1950.8　参加中华全国自然科学工作者代表会议（台湾省籍特邀代表）

1952.11—1955.8　调动工作到北京，任中国科学院计划局数理化组组长

姓名恢复为苏子蘅

1956.1.30—2.7　全国政协第二届第二次会议台盟列席人员

1956.12　第一届北京市政协委员（从二次会议开始）

1958.5—1977.10　第二、三、四届北京市政协委员

1959.4—1965.1　第三届全国政协委员

1965.12—1978.3　第四届全国政协常务委员

1973.2.28　参加在人民大会堂举行的"纪念台湾人民'二二八'起义二十六周年座谈会"，代表台盟讲话

1973.4.17　陪同周恩来总理会见陈逸松先生

1978.2　第五届全国政协常务委员

1979.10　第二届台盟总部理事会副主席（兼职）

1980.9.15　由全国人大常务委员会任命为宪法修改委员会委员

1980.9.29　由全国人大常务委员会任命为审判林彪、江青反革命集团案主犯的最高人民法院特别法庭审判员

1983.6　第六届全国政协常务委员

1983.11－1987.11　第三届台盟总部理事会主席（1985年起专职）

1987.11－1996.5　第四、五届台盟中央名誉主席

1988.3　第七届全国政协常务委员

1993.3　第八届全国政协委员

1996.5.31　病逝于北京医院

参考文献

1. 苏子蘅自述（汪毅夫教授提供）。

2. 甘莹申诉报告（汪毅夫教授提供）。

3. 龚晋珠、安阳编：《画说台湾民主自治同盟》，福建人民出版社，1998年9月。

4. 安宗国、吴艺煤编：《台盟史略》，台海出版社，1997年10月。

不能忘却的回忆

——记台盟华东总支部主任委员李伟光

在台盟的历史中，有许许多多闪光的人和事，他们终其一生，爱国爱乡，赤胆忠心，把青春和生命都奉献给了人民的解放事业和祖国的一方热土，永远载入了台盟的史

李伟光夫妇

册。李伟光就是其中的一员。今天，我们回顾先辈旧事，是希望他们用生命追求的坚持真理、忠诚爱国的精神继续传承，薪火不断。

李伟光的成长背景和学生时代的李伟光

李伟光，原名李应章，1897 年 10 月出生在台湾彰化县二林镇，

祖籍福建。祖父在清朝末年随大批移民渡海来台，在台湾中部彰化县二林镇落户下来，在二林开了个小药铺。祖父去世后，李应章的父亲继承家业，自己当起了中医师。那时，清政府已经把台湾和澎湖列岛割让给日本，李应章父亲的中药铺多次受到日本警察的盘查和欺凌，激起了李应章父亲深深的民族义愤。父亲与生俱来的民族气节传承给了后辈李应章，给李应章种下了深深的反日思想。

1915 年，台南发生了西来庵起义，又称噍吧哖起义，起义失败后900 多名爱国志士被处死刑，被日军滥杀的民众达数万人。当时读中学的李应章在他的作文里，因为写了同情事件当事人的文字，而受到学校的处罚。1916 年他考进台北医科专业学校，上学期间，他到日本左翼人士开的书店里看书，看到北平出版的《新青年》杂志，开始受到五四运动思想的启蒙。后来五四运动消息传到台湾，李应章和一些同学受到鼓舞，他和几个学生在医专校内秘密举行了"六·一七"岛耻纪念日活动，哀痛台湾岛沦为日本殖民地（当时 6 月 17 日被定为日本统治台湾的"始政纪念日"），并向祖国的国旗行礼。台北医专毕业的时候，李应章那一届一反去东京毕业旅行的常规，改为前往祖国旅行。1920 年 11 月，李应章和同学来到广州观光，参观黄花岗烈士墓，看到孙中山先生成立广州军政府，受到很大鼓舞，体会到祖国革命的伟大；他同时也目睹了日本人到处耀武扬威，欺压同胞的行径，从此萌发了革命理想，为其日后走上革命道路奠定了基础。

1921 年年初，李应章和台北师范学校的谢春木（南光）等同学一起，以欢迎第一个飞行员谢文达回故乡访问为由，发动和召开了全本岛人学生大会，团结到了中等学校以上的台湾同学。1921 年 4 月，李应章和同学吴海水、何礼栋根据学生大会的经验，在台北筹组"全台湾青年会"。在李应章向林献堂等社会名流劝募资金时，邂逅了蒋渭水、蔡培火等人，并接受蒋渭水提议，将"全台湾青年会"组织扩大，联合林献堂等人，于 1921 年 10 月在台北正式成立了各阶层进步分子和开明绅士的反日联合战线组织——台湾文化协会，旨在"唤起汉民族自觉，反对日本民族压迫"，林献堂当总理，蒋渭水当理事兼干事，李应章当理事兼二林地方干事，开始了台湾的文化启蒙运动。[①]

与此同时，同年 3 月，李应章医专毕业，转入热带医学专修科，在内科实习。9 月，回到家乡二林，设立医院，一边行医，一边按照文化协会的方针进行宣传启蒙运动。

爱土怀乡，反抗暴政——李伟光与台湾农民运动

李应章的故乡是个农村小镇，大多是甘蔗田。日本在台湾对制糖业实施严密的控制，想尽办法操纵种蔗农民。他们采用"原料采收区域制度"和"产糖奖励法"榨取台湾农民，台湾蔗农饱受盘剥之苦，但长期逆来顺受。李应章对台湾蔗农的感受有着真实、深刻的了解。为了团结广大蔗农更加有效地反抗日本人的压榨剥削，他做了大量的调查研究和组织宣传工作，并于 1925 年 1 月成立了台湾的第一个农民组织——二林蔗农组合，把台湾文化协会的活动和蔗农组合及农民的斗争紧密结合起来。

1925 年 1 月 1 日，在二林镇上的广场，举行台湾蔗农组合的成立大会，虽然处在当时的统治阶级所派来的"警官"包围下，也很顺利地通过了简章、纲领和选举，选出李应章、詹奕候等 15 人为理事，李应章并担任理事长。

组合成立后，李应章和蔗农代表到管辖二林地区的林本源溪州制糖会社，要求提高甘蔗收购价格，但无效。8 月，李应章带领组合成

---

①蔡子民：《台湾革命医生李伟光自述——蔡子民整理》，《台湾史志》，台海出版社，第239 页。

员向北斗郡、台中州、总督府"请愿"仍毫无结果。当1925年10月22日，林本源制糖会社不顾农民的声明、请愿，强行采收。下午两点左右，突然从二林镇东街来势汹汹地出现十几个全副武装的警察向镇南跑去。到了镇南约3里的地方，早就聚集约有几百个台湾农民和十几个厂方人员，双方对峙不动。看到警队的到来，厂方人员感到有了帮手更加神气活现起来。随着警队带头人一声令下，所有警察都拔出钢刀，冲向甘蔗田，厂方人员中也跳出两名日本人打手，拔出砍蔗刀，纵入蔗田动手砍蔗。周围约摸将近4千的农民群众，像春雷震动般哄起来，拣起石头土块，像雨点似的往蔗田里丢，随即双方动起手来，冲突愈演愈烈，最终群情激愤的农民占了上风，击退了前来砍蔗的警察。

第二天即10月23日早晨，大批日本警察包围李应章的医院、农组办事处，搜查农组文件。一队武装警察带了台中来的检察官向李应章的卧室闯去，声言将李立即逮捕押送法办。李应章从容面对，慷慨陈词："被你们日本人捆绑、殴打甚至杀头是无产阶级主义者的光荣，是被压迫者真正的体面所在，不要多费唇舌，按规矩把我绑着带走！"检察官无可奈何，命令简单地在西装里做个样子，李应章大踏步跨出门口。街上挤满了人，大家鼓掌大喊"万岁！"长久不停，李应章也沿途答以"万岁，万岁，蔗农们万岁，斗争胜利万岁！"这时马路两旁的群众开始骚动，警察在抓喊万岁的群众。由于这个事件在当地的影响之大，警察局也认为李应章是个"重要犯人"，所以不经过当地的警局，事先已准备好专车送往火车站，并且随行很多武装警察，警备森严。到了火车站，车刚刚开动，爆竹声大作，"万岁"的响声又在旁边响了起来，久久不能散去。可见李应章的所作所为及他的领袖风范得到了群众支持，在当地有很大的威信和影响力。这成为台湾农民值得纪念的一天，是万千愤恨都发泄出来的一天，是像静寂无痕的一池清水投下一块巨大岩石引来浪花飞溅的一天。[1]

李应章被关押在北斗警察局，经过一次预审、两次公审、第三次上诉驳回维持原判，李应章以骚乱罪被关进了台中监狱，直到1928年1月中旬才期满出狱。在案件审理、上诉期间，李应章和台湾农民组合的简吉陪律师布施（布施辰治，日共党员、著名律师，从东京赶来义务辩护）到各地义务讲演，控诉日本的殖民统治。后来，接受布施的建议，将蔗农组合与简吉主持的凤山台湾农民组合合并，称为"台湾农民联合会"，简吉主持，以古屋贞雄和李应章为顾问。

这就是轰动一时的台湾二林蔗农事件始末，二林地区陷入了风声鹤唳的紧张氛围中，也在历史上留下了这一段殖民地的抗暴运动史。二林事件发生后，掀起台湾农民运动的巨浪，台湾农民运动团体一个接着一个成立，二林被台湾近代史权威黄煌雄称为"台湾农民运动的圣地"，李应章也因此被称为"台湾农民运动先驱者"。时光荏苒，这场影响了台湾社会发展的农民运动、这场台湾民众抗击凶残日本殖民统治者的斗争已过去80余年，至今仍然脍炙人口，流芳于世，令后人娓娓称赞。

李应章出狱后，才知道在他服刑期间，家被火烧毁，父亲病故，故乡面目全非。但李仍继续他的理想和社会活动，日本警察认为他又开始"不安分"，在同年搜查了李的家宅。为了逃避日警的镇压追捕，1932年农历正月初一，和家人吃完团圆饭后，李应章便匆匆离开了亲人和家乡台湾，来到厦门。

①李玲虹、龚晋珠：《台湾农民运动先驱者——李伟光》，台海出版社，第41页。

济世悬壶，救死扶伤——李伟光与保安医院、神州医院和伟光医院

早在 1923 年，李应章医科专门学校毕业后，就回家乡经营"保安医院"，在二林颇有名气。当年提起二林的李应章医生，附近十几个村庄几乎无人不晓。李医生为乡亲看病，敢于下药，曾因把已断气的乡亲救活而出名。他常常免费给穷人治病，受到了人们的爱戴。在李应章离开家乡来到大陆后，不断有乡亲来家里询问李医生何时回来。

来到厦门后，为了维持生计，李应章和在鼓浪屿小学教书的外甥洪允廉商量，1932 年 3 月在鼓浪屿泉州路 54 号开设了"神州医院"。并且在此期间，结识了时任中共厦门市委组织部长的严壮真，经介绍加入中共外围组织"互济会"；4 月，由严壮真介绍加入了中国共产党。1934 年年初，李应章掩护了到神州医院住院治疗的中共中央派来与 19 路军谈判的红军总参谋长张云逸同志，以及新中国成立后任中国国务院副总理的方毅同志。1934 年 11 月，由于厦门共产党组织被破坏，李应章转到汕头、香港、广州等地寻找组织关系，最后 1934 年年底找到上海，仍无从联系，决定先开业行医。

李应章到上海后，改名李伟光，外甥把厦门的全部器材带到上海，一边在英租界劳合路开诊所，一边寻找党组织。诊所开张后，因英租界是商业区，看病的人并不多。考虑到法租界是住宅区较适合开医院，李伟光就于 1935 年年底将诊所迁到法租界。但医务仍闲散，经济日益困难。加上接不上党组织关系，思想很苦闷。当时上海吸鸦片烟的人很多，李伟光感到烟毒是中华民族的一大毒害，认为应该用自己所学尽自己力量搞戒烟医疗，于是他着手研究戒烟药品。1936 年年底试制"戒鸦片药"成功，开始做戒烟医疗。并且把医院搬到霞飞路四明里开

设了"伟光医院"。由于李伟光做戒烟治疗逐渐出了名，前来戒烟的人一天天增多，伟光医院的病床已不够使用，李伟光便在泰安路增开了个疗养院，划出一部分病床，给志愿者免费进行戒烟治疗，并在那里安置了自己的住家。伟光医院所在的霞飞路就是现在著名的淮海路，在当时也是熙来攘往，热闹非凡，李伟光就是凭借这闹中取静的私人诊所，医治同胞，转移掩护地下党和抗日同志。

李伟光为了治病救人从早忙到晚，靠着凭自己所学和钻研制成的戒鸦片烟的针剂和药水，及治疗肺结核病的中西药治愈了不少病人。①

不畏艰险，赤胆忠心——李伟光与台湾旅沪同乡会

1937 年，抗日战争爆发。李伟光和几位台湾同乡组织"台湾革命大同盟"，在《救亡日报》发表宣言和纲领，化名登出，联络姓名为林立，并附有联络地址，通过报纸找到了中共的关系，开始从事搜集情报、筹集药品、器械运给新四军和抗战第一线，并从事民众的宣传工作。

1940 年 3 月，经上海地下党员吴成方介绍，李伟光与曾任小学校长的浦东人倪振寰结婚，婚后倪振寰一直协助李伟光管理医务，接待从事抗日地下工作的同志。

1945 年 4 月，"台湾革命大同盟"改组为"台湾人民解放同盟"，李伟光担任主委兼组织委员。日本投降后，9 月，由"台湾人民解放同盟"出面筹备组织"台湾旅沪同乡会"。11 月 10 日，同乡会成立大会召开，李伟光被选为会长。台湾旅沪同乡会主要任务为救济台湾难民，运送难民回台。

---

①蔡子民：《台湾革命医生李伟光自述——蔡子民整理》，《台湾史志》，台海出版社，第248 页。

难民中有病的就到伟光医院免费治疗服药。为了解决难民的衣食给养费，李伟光和夫人倪振寰把他们两人的积蓄全部拿出来，再向热心的乡亲募捐，维持开支。当时沪台间没有船运行，台湾同乡会多方设法联系，向国民党当局交涉，借到一艘美国轮船"蓝美斯自由号"开往台湾，运送包括义勇队队员、军夫及难民共1800人回台湾。后来同乡会又设法接待和遣返了一批又一批难胞。

1947年"二·二八"事件爆发，台湾旅沪同乡会立即召开集会，决定成立台胞七团体（旅沪台湾同乡会、旅京台湾同乡会、台湾省政治建设协进会上海分会、闽台建设协进会上海分会、上海台湾同学会、台湾重建协会上海分会、台湾革新协会）"二·二八"事件后援会，声援台湾人民的斗争。在一份收藏在台湾国立清华大学图书馆的1947年3月10日的剪报中有一篇名为《李伟光发表谈话 希望和平解决纠纷 政府不必派军队赴台》的报道，该报道中，表达了李伟光对"二·二八"事件的看法："台湾旅沪同乡会理事长李伟光，今（3月10日）向记者谈称，关于此次台湾事件，甚多人均污蔑台民别有用心，其实台民所争取者，仅为地方自治，亦非反对政府，并不是民族的离心运动，更不是台民想脱离祖国……"这反映了李伟光坚持真理，勇于抗争，敢讲真话，爱国爱乡的崇高品质。

"二·二八"声援集会以后，国民党就派了一个中统特务周光德来监视李伟光。他开始作为病人来看病，以后就常来医院，不管是李伟光见到院来访的客人，或去参加活动，他都跟踪而至。1947年冬天，国民党市党部组织科长应仲杰直截了当地要李伟光加入国民党，李伟光推脱再三，无可奈何，索性剃和尚头、吃素，在家中设佛坛、念经拜佛，表示佛门弟子不加入党派，从而回绝了他。直到解放李伟光才撤掉佛坛不再吃素。

李伟光在党的领导下，以旅沪同乡会为基地，一边行医，一边从事抗日地下工作。曾先后掩护了上海市市长曹荻秋同志，中共中央统战部副部长张执一同志等党的高级干部；"二·二八"事件过后，不少台湾进步人士如吴克泰、周青、李乔松、孙古平、蔡子民等陆续逃出台湾到上海找李伟光，李便将他们安排在同乡会、自己家里、助理医生吴丁福家和谢雪堂家保护起来；① 还将台湾医生何斌送进解放区，当了刘邓大军的医生；同年 6 月，谢雪红、杨克煌也来到上海，住在李伟光医院里，党组织决定送他们进解放区，后改由吴克泰送他们上船去香港；翦伯赞、田汉同志也曾住在疗养院隐蔽。

1948 年李伟光营救和掩护了当时参加学生运动而遭受逮捕或追捕的郑晶莹、江浓、张碧坤、林梅英等；掩护了从台湾撤回大陆的地下党员曾任社会主义学院副院长程浩等；经李纯青介绍，收留和掩护了福建地下党受破坏后流落上海的地下党员中共福建省顾问委员会常委张连等 10 人；把李先念部队突围出来的一批地委级干部安置在他家居住，后来安全转移到解放区。②

1949 年三四月间，台湾地下党派吴克泰、叶纪东等 6 人来上海，准备到北京参加全国青年代表大会，同乡会安全地将他们送走。接着又送来一批在台湾暴露了的同志，如王天强、李乔松、王万得、陈炳基等将近 20 名，同乡会的同志们又设法将他们送进解放区，后因被敌人发觉，同乡会又把他们隐藏在信得过的个人家里，直到上海解放。

这期间陆续有台胞难民来到同乡会住宿。他们大多是 1946 年年底在台湾被国民党欺骗或强迫当兵，被送到山东进攻解放区的，与解放区一接触，他们就放下武器，大部分参加解放军，一部分转移到上海要回台湾。李伟光设法让同乡会的干部从救济总署领取粮食，从宋庆

①郑晶莹：《台胞赤子情》，台海出版社，第 108 页。
②中华全国台湾同胞联谊会：《忆父亲李伟光在解放战争时期——李玲虹》，《为新中国诞生而奋斗的台湾同胞》，台海出版社，第 198 页。

龄福利基金会领取衣物等救济物资接待他们，再从台湾轮船公司要半价或免费船票，送他们回台湾，前后达千人以上。

就这样，在台湾旅沪同乡会的掩护下，李伟光把它作为接应站，冒着生命危险保护了一批又一批同胞。

心怀祖国、奉献台盟，积极参与新政协和台盟组织建设

上海解放后，上海的台胞开始酝酿组织团体，配合解放台湾。张执一派谢雪红、杨克煌到香港筹建公开的政治团体"台湾民主自治同盟"，李伟光在上海联系台湾革命人士组织了秘密的"台湾前进社"，定期座谈讨论台湾革命的战略策略以及成立台盟等问题，写文章寄往香港台盟的刊物登载，交换两地的信息。1947 年 11 月，台盟在香港成立。1949 年 3 月，台盟总部从香港迁到北京。谢雪红从北京来信，要李伟光在上海正式成立台湾民主自治同盟的支部。7 月 15 日，经组织决定，由李伟光负责筹组台盟华东总支部。经紧张筹备，7 月 31 日举行总支部成立大会，李伟光当了总支部主任委员。

1949 年 6 月 19 日，新政治协商会议筹备会通过了《关于参加新政治协商会议的单位及其代表名额的规定》，台湾民主自治同盟作为一个单位，参加即将召开的新政协。引用汪毅夫副主席在《台湾民主自治同盟创建初期的若干问题》中的表述："台盟被确定为'参加新政协之一单位'，乃是台盟从地方性政治团体到全国性民主党派的转型标志。"而李伟光则作为台盟 5 名代表之一，到北京饭店开会，领到第一届人民政协徽章，并和来自各地各界的政协代表 165 名，分组讨论《共同纲领》、《人民政协组织法》和《中央人民政府组织法》等草案，共商建立国家大事。10 月 1 日，李伟光和首都 30 万军民一起参加了开国大典。

1950 年抗美援朝战争爆发，台盟盟员也积极投入到这场保家卫国的战斗中。李伟光拍卖了自己的汽车作为捐献。在一份台盟华东总支部的简报中，记录了当时以李伟光为首的旅居上海台胞成立捐献机构的事情。

1952 年 11 月，李伟光担任上海人民政府卫生局顾问。

1954 年李伟光当选上海市第一届人民代表大会代表。

1954 年 10 月 1 日，李伟光参加了上海国庆五周年庆祝大会，第二天高血压症突发，脑溢血而逝世，终年 57 岁。①

这就是李伟光前辈的一生。他坚持理想矢志不渝，领导家乡同胞反抗不公的殖民统治；他凭己所学救死扶伤，拯救祖国同胞的身体和灵魂；他不辞艰险不顾安危，以一颗赤子之心终其一生报效祖国。他的故事是闪光、而且值得人们了解并记住的，他的所作所为，代表了爱国台胞和台盟盟员对国家和人民的忠诚和奉献，将永远载入台盟史册。

参考文献

1. 李玲虹、龚晋珠：《台湾农民运动先驱者——李伟光》，台海出版社，2006 年。

2. 中华全国台湾同胞联谊会编：《为新中国诞生而奋斗的台湾同胞》，台海出版社，2004 年。

3. 蔡子民：《台湾史志》，台海出版社，1997 年。

4. 郑晶莹：《台胞赤子情》，台海出版社，2007 年。

---

① 中华全国台湾同胞联谊会：《忆父亲李伟光在解放战争时期——李玲虹》，《为新中国诞生而奋斗的台湾同胞》，台海出版社，第 201 页。

记台盟盟员、杰出音乐家江文也

江文也（1910—1983年），原名江文彬，出生于台湾台北县淡水镇，是我国近现代音乐史上一位国际知名的作曲家、音乐教育家。

江文也被称为探索中国风格新音乐创作的先驱者。他拥有西方现代音乐的深厚功底，他是我国音乐史上第一位以西方现代音乐形式创作交响乐的音乐家。同时，他对中国的传统文化有着深厚的感情，他

新音乐创作的先驱者江文也

运用多年学习积累的西方现代音乐的手法和技巧，始终坚持在东西方文化的交融中追求"中国风格"的创作，执著地探索与欧洲各种音乐派别不同的韵味，他的作品呈现出的是国际水准的现代音乐技法与中华传统文化素材的完美结合，他为中国近现代音乐创作风格的形成做出了重要的贡献。

辗转曲折的经历与坚定的人生选择

　　江文也的祖先是福建永定客家人，从他的祖父开始移居台湾。1910 年 6 月 11 日，江文也出生在台北县淡水镇。日本侵占台湾后，江氏家族迁回了祖籍地福建。于是，江文也在 6 岁的时候随父母迁回了福建厦门。1923 年，江文也的母亲病逝，父亲由于事业繁忙难以照料孩子，便让江文也随其长兄前往日本，进入长野县的上田中学学习。凭借出色的天赋和不懈的努力，江文也在日本乐坛取得了令人瞩目的成绩。然而，就在他得到多方认可，蜚声于日本乐坛的时候，他毅然选择了回到祖国大陆，并于 1938 年定居北平，把自己的后半生全部奉献给了祖国的音乐创作和音乐教育事业。

　　江文也舍弃在日本优裕的家庭生活和事业，毅然回到祖国，对于他人生轨迹和音乐道路都是至关重要的一次转折。促使他做出如此坚定选择的，正是他对祖国文化的无比热爱。从日本回到祖国之前，江文也曾对朋友说："我渴望中国的文化，这就是为什么我会回到北京。"13 岁就远离家乡的江文也，内心深处强烈的寻根愿望和美籍俄裔音乐家齐尔品对他的影响，是他产生关于深入挖掘和弘扬中国传统音乐文化宝藏的理想的重要原因。

强烈的文化寻根愿望

　　江文也的童年时期虽然辗转于闽台两地，但不论是出生地台湾，还是祖籍地福建，家乡的一草一木都让他深深地眷恋。然而，背井离乡远赴日本之后的江文也，像许多有着在异乡生活经历的人一样，都有着"边缘人"的切身体会。虽然江文也在日本求学和从事音乐活动的时期是日本对台湾政策改为"文治主义"的时期①，所以他得以代表日本作曲家参加一系列的国际音乐比赛并获得诸多荣誉，但他仍然避免不了被看作殖民地的二等公民。我们不难想象，一边是身处日本主流社会的"边缘人"状态，一边是对家乡的深深眷恋，使得江文也内心的寻根愿望不断地在增强。

音乐家齐尔品的影响

在江文也的音乐创作道路上，美籍俄裔的作曲家、钢琴家齐尔品是对他影响最大的人。齐尔品的音乐理念是强调音乐要有民族性，他还曾执教于上海国立音乐专科学校，对中国近现代音乐教育作出了重要贡献。1935 年江文也与齐尔品在东京相识，得知江文也是台湾人之后，齐尔品就积极地鼓励江文也朝"民族性"的方向创作，并引导他去认识中国的民族传统。1936 年齐尔品还邀请江文也与他一同到北平、上海访问，正是这次访问，让江文也感受到来自祖国传统文化的强烈震撼，从而促使他做出了坚定的人生选择，迎来了他音乐道路上的重大转折。

学习声乐，用歌声打开音乐之门

江文也的父亲江长生，是清朝的秀才出身，江文也的母亲郑闰，出生于台湾花莲的一个商人家庭，有文化且爱好音乐。江文也在父亲文人气质和母亲音乐爱好的影响下，自幼就表现出对音乐的兴趣和天赋。他 3 岁左右就跟母亲学会了哼唱摇篮曲哄弟弟入睡，四五岁时能高唱母亲家乡的山歌和地方戏曲小调。随家迁回厦门后，江文也常常

---

①也称"同化政策"时期，约为 1919 年至 1937 年，日本宣扬所谓的"一视同仁"政策——无论对日本人或台湾人都"一视同仁"。

住在鼓浪屿的伯父家不愿回去，那是因为在鼓浪屿，他常常可以接触到钢琴、小提琴、风琴等西洋乐器和五线谱等音乐知识。

由于热爱音乐，江文也在日本中学毕业后，虽然听从了父亲的要求进入东京的武藏高等工业学校电气机械科学习，但他始终坚持利用业余时间到上野音乐学校选修音乐课程。从 1930 年 7 月起，他师从著名声乐教师阿部英雄学习声乐，唱男中音。求学期间，江文也还利用暑期赴台湾花莲探视舅父和姨母的机会，四处欣赏台湾南北戏曲，深入阿里山接触那里的歌舞，采集民歌，并记谱成集。

1932 年从东京武藏高等工业学校毕业后，江文也受聘到哥伦比亚唱片公司任兼职歌手，开始投身于音乐事业。两年内，他连续参加了日本的第一、第二届全国音乐比赛，并入选声乐组。1933 年 1 月，江文也的父亲病故，他的经济状况发生变化，只能主要靠演唱、抄谱和编排乐谱来挣钱补贴生活，开始走向职业音乐人的生涯。同年，他受聘到日本著名的藤原义江歌剧团，并先后参演了两部歌剧。第一次是 1934 年 6 月 7 日至 8 日在日比谷公会堂进行的"藤原义江歌剧团第一次公演"，江文也在《波西米亚人》中饰演音乐家萧纳尔。第二次是 1935 年 12 月 24 日至 26 日在新桥演舞场进行的"藤原义江歌剧团第五次公演"，江文也参演了歌剧《托斯卡》。藤原义江歌剧团在当时的日本乐坛占有相当高的地位，江文也在该剧团的出色表演，使他成为了日本广受欢迎的职业歌唱家。

1934 年暑假，江文也参加了由旅日的台湾人杨肇嘉提议组成的旅日音乐家"乡土访问团"，回台湾访问演出。访问团在台北、新竹、台中、彰化、嘉义、台南、高雄等地举行了一系列的音乐会，这些音乐会不仅轰动全岛，更是台湾以西方音乐会形式进行巡回表演的开端。江文也出色的演出，深受家乡同胞的欢迎。

转修作曲，用乡情打动世界

已经是知名歌唱家的江文也并不满足于已有的成绩，因为他一直怀有作曲的渴望和抱负。1932年在一篇名为《声乐家谈自己的方向及研究题目》的文章中，江文也已经透露出转向作曲的想法：

在这个世界上如果同样要受到烦恼的洗礼，那么为了艺术（我）能受更深的苦恼。……并非想把艺术故意弄成难以理解的东西，而是为了能有诗人的感情及作曲家的热情，希望能受更大的苦恼。①

于是，1933年他前往东京音乐学校御茶水分校，师从桥本文彦教授开始学习作曲。他非常勤奋，认为学习作曲一定要多听、多看、多想。

尽可能地找大量的作品来听，反复无数次地听，然后在五线谱上，将自己耳朵里逐渐感受到的音符实际写出，并将之弹出声音来听听看。②

得益于日本出版的大量唱片和乐谱。我把许多名曲几乎都背下来才学和声基础，这样很快地学到了欧洲音乐的作曲技法……③

在日本作曲界初露锋芒

1934年，是江文也音乐生涯中具有转折意义的一年，他正式开始

---

①刘麟玉：《从战前时音乐杂志考证江文也旅日时期之音乐活动》，《论江文也——江文也纪念研讨会论文集》，北京：中央音乐学院学报社，2000年，第21页。

②张己任：《江文也——荆棘中的孤挺花》，时报外版，2003年1月版，第23页。

③吴韵真：《伴随文也的回忆》，刘靖之主编：《民族音乐研究》第3辑，香港：香港大学亚洲研究中心，1992年，第7页。

了音乐创作，走上了追求创作理想的道路。1934 年 4 月，江文也完成了处女作钢琴曲《台湾舞曲》，并于 6 月完成了同名管弦乐曲。虽然在当时，这部作品并未产生很大的影响，但是这部作品以淳朴的旋律、民间舞曲的节奏和色彩鲜明的配器，生动地描绘了台湾的风土人情，表现了作者对故乡的眷爱。正是其中蕴含的浓厚乡情，使这部作品后来为江文也赢得了国际乐坛的认可。

也是在这一年，江文也创作了成名曲《白鹭的幻想》，在日本乐坛初露锋芒，而这部作品正是他参加乡土访问团回台湾演出的最大收获。1934 年 8 月，江文也随"乡土访问团"回台演出期间，不仅广泛收集了台湾各地的民歌，在故乡的所见、所闻、所感更令他难以平静。

　　青绿的水田，完全寂静。透明的空气中，白鹭鸶展现美丽的羽毛竖立在那儿。我，在如父亲额头的大地，如母亲深邃眼眸的黑土上站着。

　　当时感觉有一群的诗、一群的音在体内流动，这个概念渐渐发展，最后变成一个庞大的情绪在体内绞动。①

正是在这种强烈的情绪推动下，从台湾回到东京后，江文也的《来自南方岛屿的交响素描》之《白鹭的幻想》、《城内之夜》等多个乐章一气呵成。管弦乐《白鹭的幻想》在当年荣获第三届日本全国音乐比赛作曲组第二名。

1934 年 12 月，由于江文也在作曲上的出色成绩，他被推荐加入"日本近代作曲家联盟"，实现了从歌唱家向作曲家的转变。加入该联盟之后，江文也的创作愈加频繁，1935 年以后，他的作品更是在日本频频得奖，成为了著名的作曲家。江文也在日本音乐界的成就，激励了台湾的许多音乐家。曾经多次采访江文也的台湾音乐家郭芝苑曾说：

①江文也：《〈白鹭的幻想〉创作过程》，《音乐世界》第 6 卷第 11 号，第 107—111 页，原为日文，此为吴玲宜译文。

这十年间他是日本最红的作曲家之一，当时我除了受西洋现代作曲家的影响以外，还受到他、伊福部昭的影响最大，因此我才觉醒要创作现代中国民族音乐。[①]

在国际乐坛赢得荣誉

1936 年 8 月，第 11 届国际奥林匹克运动会在德国柏林举办，江文也的管弦乐曲《台湾舞曲》通过"近代日本作曲家联盟"的遴选，以及体育协会的推荐，与其他四位日本著名作曲家的作品一起，被送到德国柏林参加艺术竞赛。结果，除江文也一人获奖外，山田耕筰、伊福部昭等其他四位日本著名作曲家的作品全部落选，这使日本乐坛大为震惊。日本音乐界觉得，著名作曲家的作品全部落选，偏偏这个"殖民地的小子"获奖，很丢面子，就想以《台湾舞曲》没有什么技巧，只是使欧洲人感到新鲜好奇而已为理由，低调处理此事。但是江文也并不示弱，他将自己的作品和奖牌等通过报社记者公之于众。1936 年 9 月 11 日，《东京日日新报》对此做了大篇幅的报道，并刊出了奖牌和乐谱的照片。接着，《台湾日日新报》也以头条新闻予以报道。

对于江文也的这首获奖作品《台湾舞曲》，许多音乐家都给予了高度的评价，认为不仅在当时已具有很高的水平，即使事隔 70 多年后的今天再去听它，作曲家敏锐而细腻的乐感，成熟而洗练的作曲技巧，仍然光彩夺目。还有人说，从《台湾舞曲》中可以听出青绿的山坡，潺潺的溪水，蓬勃与青春洋溢的生命力，肥沃富足的大地等生动的画

---

①郭芝苑：《中国现代民族音乐的先驱——江文也》，原载于《音乐生活》第 24 期，1981 年 7 月 10 日。后收录于韩国鐄、林衡哲等：《音乐大师——江文也》，台北台湾文艺，1984 年，第 53 页。

面。[1] 这首作曲家24岁时创作的作品，充分展示了江文也过人的创作能力和才华。

一举成名后的江文也不断创作出了许多优秀的作品，如，不久后他的《台湾山地同胞歌》（原名《生蕃四歌》）等作品，被送到意大利和法国巴黎国际博览会演出；1938年，钢琴曲集《十六首断章小品》和《五首素描》还曾入选威尼斯第四届国际现代音乐节。这个时期，江文也的许多作品分别在欧美各地陆续演出，使他成为了国际知名的作曲家。

毅然回国，投身祖国音乐事业

1936年6月，江文也的良师益友、著名音乐家齐尔品邀请他一起赴北平和上海访问，这是江文也13岁离开家乡之后第一次回到祖国。这次访问是影响江文也对中国、中国文化，以及中国音乐的认知与感受的一个最重要的事件，可以说这次访问改变了他的一生。短暂的访问使江文也直接接触到了一个让他难以想象的广袤的祖国大地和博大精深的中华传统文化，给他以强烈的震撼和冲击。他在同年9月号的日本音乐杂志《月刊乐谱》上发表了一篇《从北平到上海》，文字展现了他内心的无比激动：

> 我清楚的感觉到心脏鼓动的鸣声，我的全身有如市街的喧扰般沸腾的要满溢出来。
>
> 我竟能在憧憬许久的古都大地上毫无拘束地疾驶着。
>
> 啊！何等的不可思议！何等的感动啊！
>
> 现在虽已成了废墟，我仍是用尽力气去拥抱那雄大高耸

①李岚清：《探索中国风格新音乐创作的先驱者——江文也》，《福建日报》2008年11月30日，第4版。

的巨大石柱。

　　我又惊又喜，北平！北平！反复地念着这个名字，让那可使心脏破裂般的兴奋之情与疯狂之气驾驭着。

　　我好似与恋人相会般，因殷切的盼望而心焦，魂魄也炙热到极点。

　　……我实际的接触了过去庞大的文化遗产，而在很短的时间内被这些遗产所压垮，压得扁扁的……虽然如此，但我直视遥远的地平线上的白云时，却在彼端发现了贫弱的自己。[①]

音乐文化寻根理想的实现

　　就在这次大陆之行的两年之后，江文也接受北平师范学院音乐系主任柯政和的聘请。虽然此时的江文也已经得到国际乐坛的广泛认可，在日本作曲界也取得了越来越好的成绩。然而，他还是毅然舍弃了日本优裕的家庭生活和帮助他创作的最先进的唱机及钢琴，只带着两箱大型五线谱纸和世界著名音乐家作品的曲谱，赴任北平师范学院音乐系的作曲和声乐教授，并从此定居北平，开始了他近50年的音乐教育生涯。

　　自从回到大陆之后，江文也怀着对中华传统文化的无比热爱，全心地投入到研究与创作之中。通过不断的学习，他深深地被中国传统文化、传统精神所吸引，并为自己作为一名中国音乐家而自豪。他用文字表达了对传统文化的感受，以及艺术创作的独特见解：

　　我深爱中国音乐的"传统"，每当人们把它当做一种"遗物"看待时，我觉得很伤心。"传统"与"遗物"根本是两样

---

① 张己任：《江文也——荆棘中的孤挺花》，时报外版，2003年1月版，第69、74页。

东西。"遗物"不过是一种古玩似的东西而已，虽然是新奇好玩，可是其中并没有血液，没有生命。"传统"可不然，就是在气息奄奄之下的今天，可是还保持着它的精神——生命力。

我知道中国音乐有不少缺点，同时也是为了这些缺点，使我更爱惜中国音乐；我宁可否定我过去半生所追求的那精密的西欧音乐理论，来保持这宝贵的缺点，来再创造这宝贵的缺点。[①]

音乐创作的巅峰时期

1938 年到 1948 年，回到北平后的 10 年是江文也创作最丰富的时期。1938 年创作的《北京万华集》是江文也回国后的第一部钢琴作品，包括《天安门》、《紫禁城下》等 10 首钢琴小品，完全取材自对北平的生活感受。这部曲集是对北平风土人情的描述，所有乐曲的题材都是典型中国的、北平的，所有乐曲的音调也都是中国式的。为了寻找创作的灵感，北平的天坛、故宫、北海、景山，到处都留下了江文也的身影。

这一时期的江文也作品，类型非常丰富。主要类型及代表作有：钢琴曲《北京万华集》、《第三钢琴奏鸣曲——江南风光》；独唱曲《中国名歌集》、《唐诗五言绝句篇》、《唐诗七言绝句篇》、《宋词苏轼篇》、《宋词李清照篇》；管弦乐《孔庙大晟乐章》、《第一交响曲》、《为世纪神话的颂歌》、《碧空中鸣响的鸽笛》、《第二交响曲——北京》、《一宇同光》；舞剧《大地之歌》、《香妃传》等。其中，创作于 1939 年的大型管弦乐作品《孔庙大晟乐章》，堪称中国现代音乐史上的里程碑，也是江文也追求创作风格中国化的杰出代表作。回到祖国的江文也对当时

①江文也：《写于〈圣咏作曲集（第一卷）〉完成后》，《圣咏作曲集（第一卷）》，北平：方济堂思高圣经学会，1947 年，第 151 页。

北平每年在国子监举办的祭孔典礼和祭孔雅乐产生了极大的兴趣，他连续两年到北平国子监参加祭孔典礼，并深入研究有关儒家的音乐理论、孔子的音乐思想，以及所有有关祭孔的音乐文献。他在这部作品中融入了自己研究和想象的中国古代雅乐，形成了一种庄严、肃穆和崇高的音乐氛围。在抗战胜利之初，江文也还向蒋介石写信，建议采用他创作的《孔庙大晟乐章》作为祭孔乐曲。

在创作音乐作品的同时，江文也还用写诗表达自己的感受，他先后创作了《北京铭》、《赋天坛》、《大同石佛颂》等三部诗集。江文也还从事有关音乐理论的研究和探讨，撰写了专著《中国古代正乐考——孔子音乐论》、《俗乐、唐朝燕乐与日本雅乐》等。

投身新中国音乐教育与创作事业

为了坚持研究祖国音乐的理想，江文也曾两次拒绝离开北平。第一次是在抗日战争胜利之后，他被国民党政府当做"日本人"关押。10个月后，国民党政府决定不将台湾同胞按日本侵略者对待，他才得以无罪释放。饱受牢狱之苦的江文也坚决拒绝了朋友对他离开大陆的劝说，继续留在北平。第二次是则在1949年新中国成立之前，有人聘请江文也前往香港，也有人劝他返回台湾，都被他一一拒绝。

1949年年底，江文也随北平艺专师生前往天津，参加了中央音乐学院的筹建工作。该院院长、著名音乐家马思聪对江文也甚为器重，为他创造了一个教学和创作的良好环境。江文也每周往返于京津两地，工作十分勤奋，在旅途中也笔耕不辍，不少乐曲就是在火车上创作的。1950年，江文也在中央音乐学院全院大会上，被宣布任命为作曲系教授。同年，江文也经杨克煌介绍，加入了台湾民主自治同盟。

江文也不仅是一位享有国际声誉的作曲家，也是一位优秀的音乐教育家。在初到北平任教的时候，尽管江文也当时的中国国语还不够流利，但由于他学识丰富，性格热情开朗，没有教授的那种架子，学生们都很喜欢听他的课。新中国成立之后，他在中央音乐学院任教，主要担任作曲、配器和音乐作品分析等课程的教学，他以讲授精深、剖析细密见长，尤其注重对学生艺术才能的培养。曾受教于他的许多学生至今仍深深地缅怀着这位良师益友。

1949 年新中国成立到 1957 年"反右"斗争之前的这段时期，也是江文也音乐创作的又一高潮时期。他创作了一批充满热情的乐曲，如合唱曲《更生曲》、第四钢琴奏鸣曲《狂欢日》、钢琴套曲《乡土节令诗》、小提琴奏鸣曲《颂春》等，以表达他对新中国成立的喜悦感受。其中，合唱曲《更生曲》，是以郭沫若的著名诗篇《凤凰涅槃》为题材创作的，歌词中表达了江文也对新生活来临的热切盼望，他还在庆祝北平解放的联欢会上亲自演唱了这首作品。而在《乡土节令诗》这部作品中，他巧妙地将中国传统文化与西方现代音乐技巧结合在一起，描绘了中国农历十二个节令的不同风貌，使作品表现出了浓郁的乡土气息和新中国成立初期那种昂扬向上的时代感。

1953 年，江文也为纪念我国古代伟大民族诗人屈原诞辰 2230 年，创作了交响诗《汨罗沉流》，这是解放以后江文也第一部精心创作的大型交响音乐作品，也是我国交响音乐领域少数几部艺术上具有较重分量的代表作之一。这部作品被评价为既富于鲜明的中国古代的民族特色，又具有强烈的现代的时代性和现实性。

坎坷逆境之中谱写爱国爱乡情

江文也的一生也是曲折坎坷的。他始终带着音乐中的民族寻根倾向和对弘扬中华文化的自觉意识，满怀热情地在音乐道路上辛勤耕耘着。然而，当日本侵华战争爆发后，江文也在不得已的情况下创作了一些不好的作品，成了他音乐创作生涯中的污点。这些作品后来对他产生了躲不掉的"影响"，也许正是由于这些，江文也在很长时间内都不能得到客观公正的评价，他的作品甚至几十年都无人提起。1957年，江文也被错划为右派，撤销了教授职务，分配去编写教材和从事图书资料整理工作。"文化大革命"中，江文也更是受到了批斗、抄家、劳改等一系列的冲击和折磨。然而，即使是在被打为右派，身心饱受摧残的时候，江文也仍未放弃过音乐创作。1957年，他为纪念"二·二八"起义10周年创作了《第三交响曲》，其中的第三乐章为混声合唱，由台盟总部主席谢雪红作词。1962年，为纪念郑成功收复台湾300周年创作了《第四交响曲》。1963年起，他还开始整理自己收集了近30年的台湾、福建民歌，于次年改编了《思想起》、《中秋团圆歌》、《龙灯出来了》等百余首闽台民歌，表达了他对家乡台湾的深情和眷念，用他自己的话说就是"尽了对台湾同胞的一份义务"。

1979年，台盟、中央音乐学院相继给江文也平反，恢复江文也的职称、待遇和政治名誉。江文也不顾虚弱有病的身体，迫不及待地重新拿起创作之笔，开始谱写他构思已久的大型管弦乐《阿里山的歌声》。

江文也的夫人吴韵真曾发现了一张病榻中的他手写的小纸片，字迹已经不太清楚，大意是：

> 坎坷的经历、多病缠身中的我虽老态龙钟，但尚未限制了我创作潜力的发展与自信。在我的心里仍燃烧着炽热的火花。感到自己的音符为发展祖国民族音乐稍有一点贡献。……我还要用这只不听使唤的手，哆嗦着写下去，直到用尽最后一卡热量，然后倒下去，把自己交给大地就是了。[1]

---

[1]江文也夫人吴韵真在"江文也诞辰85周年纪念会暨学术研讨会"开幕式上的发言，刊载于《论江文也——江文也纪念研讨会论文集》，北京：中央音乐学院学报社，2000年，第5页。

然而，《阿里山之歌》还未完成，江文也就因脑血栓病复发，瘫痪不起，直到1983年在北京辞世，这部作品成了他未了的心愿。

结语

江文也的一生是不平凡的，他用200余首音乐作品表达了对祖国、对家乡的深情厚谊，用他的音乐生命诠释了台湾同胞爱国爱乡的光荣传统。虽然，由于历史原因，江文也的作品几十年无人提及，但近年来这个尘封多年的名字，无论是在祖国的大陆、台湾、香港，还是在日本甚至在国际乐坛上，又重新引起了广泛的关注。两岸三地的音乐界连续多年举办了江文也纪念研讨会，对于他作品的演奏和研究也日益增多。在江文也诞辰100周年之际，文化部、教育部、台盟中央、全国台联、福建省政府在厦门联合举办了纪念江文也诞辰百年生平图片展、江文也作品学术报告会和专场音乐会等一系列隆重的纪念活动。我们作为台盟的盟员和机关干部，更应该进一步深入地了解他，认真地去体会和传承这位老一辈盟员身上所体现的爱国爱乡光荣传统。

参考文献

1. 梁茂春、江小韵主编：《论江文也——江文也纪念研讨会论文集》，北京：中央音乐学院学报社，2000年。

2. 张己任：《江文也——荆棘中的孤挺花》，时报外版，2003年。

3. 李岚清：《探索中国风格新音乐创作的先驱者——江文也》，《福建日报》2008年11月30日，第4版。

4. 林衡哲编：《现代音乐大师——江文也的生平与作品》，台北：前卫出版社，1992年。

一封感人的遗书

——记台盟盟员陈文彬

台盟中央档案室保存着一份特殊的档案，这是一个半生漂泊，为抗日爱国、为祖国建设奉献一生的台盟盟员陈文彬的遗书。本文从陈文彬的遗书出发，追寻其走过的脚步，记取陈文彬的若干事迹，从中我们可以看到如今我们依然耳熟能详的许多组织都曾经留下陈文彬的身影。

1982年11月11日凌晨零点五十分，就在台盟即将迎来他35岁生日的时候，时任全国政协委员、台盟总部理事、商务印书馆编审、中国文字改革委员会研究员、中国语言学会理事的台盟盟员陈文彬因长期患病医治无效，在北京不幸病逝。在陈文彬病逝前4个月，由其女儿记录，留下了一份极其感人的遗书：

久卧病榻，深感留于人世的时日不多矣。我已是七十九岁的古稀之年，回顾坎坷一生，既无牵挂亦无悔恨，但身为一员台湾同胞，最大的憾事是在有生之年，未能亲眼目睹台湾回归祖国。

我在少年时代因抗日爱国被迫离开台湾。半生饱尝亡国之耻和流浪他乡之苦，所以我一直把实现祖国统一，使台湾人也能作为中国的一分子，堂堂正正的生活下去定为我终身奋斗的目标。抗战胜利后，我以为能够实现这一愿望，重返阔别多年的故乡，但在国民党的迫害下，我不得不再度离开家乡。1949 年 1 月，北京解放，我决心投奔向往已久的中国共产党，千里迢迢来到北京。

我本是一介寒微书生，是中国共产党使我走出书斋，领略到人生真谛，亦是中国共产党使我看到祖国统一、台湾回归大陆的希望。为实现这一希望，我甘愿牺牲个人的一切。因此，我对当初的决断和三十多年来追随共产党的经历感到死而无憾。

我们台湾同胞，几十年来经历了许多曲折和痛苦，有些人幻想台湾独立，但我认为如果把台湾从祖国分离出去，最终亦难免沦落被他国操纵；如果切断台湾与大陆的血肉联系，将意味着骨肉亲朋永远天各一方，因此我绝对不能赞同。我恳切希望亲属、朋友和学生，理解我这一夙愿，无论何时何地都要考虑为祖国的统一大业竭尽全力。台湾是祖国不可分割的一部分，台湾同胞是中国人民的一分子，只有回归祖国，才是台湾唯一的光明前途。

我已风烛残年，未能实现平生之愿，令人难以瞑目。我真切祝愿海峡两岸的同胞，有朝一日实现自由往来骨肉团圆，共同建设社会主义现代化的祖国。届时，将我骨灰一分为二，一半留在首都北京，一半撒在故乡土地。

陈文彬　于北京

（1982 年 7 月　女儿记录）①

看到这封遗书，不少人都会好奇留下遗书者的生命轨迹：怎样的一位台湾同胞会在弥留之际还心系祖国统一大业，还能在生前最后一

---

① 台盟中央档案：1982 年，2—1。

份文书中处处体现他始终如一的爱国主义精神以及拥护中国共产党、拥护社会主义的坚强决心。现在就让我们跟随陈文彬的人生轨迹，揭开这个谜团。

陈文彬 1904 年出生于日本殖民统治下的台湾省高雄县燕巢乡。1921 年，陈文彬进入台中第一中学就读，与宋斐如、谢东闵同学。1924 年，陈文彬因为反对蛮横无理的日本军事教官，号召全班同学起来罢课，抗议日本军国主义教育，而被勒令退学。不久之后，陈文彬回到祖国大陆，进入上海法政大学预科学习。

1925 年，陈文彬东渡日本，考入东京法政大学，攻读社会学。1931 年春天，大学毕业的陈文彬回到故乡台湾，因宣传孙中山先生的革命事迹和"联俄、联共、扶助农工"的政策，而被日本警察抄家，陈文彬被迫再次离开故乡。

来到上海后，陈文彬先后于复旦大学、中国公学任教。在此期间，他接触了中共地下党员，学习了马列主义，与革命同志共同创办了一份名为《流火》的月刊，积极宣传革命思想，反对帝国主义。但在国民党的白色恐怖统治下，《流火》月刊只出到第三期就被查禁了，陈文彬也险遭不测，被迫于 1936 年再度东渡日本。

在日本期间，陈文彬先后在东京法政大学、立教大学任教。1937 年，抗战爆发后，陈文彬回祖国参加抗战的志愿不能实现了，但他留在日本继续为抗战贡献一份力量。在日本期间，虽然陈文彬依然遭到日本特高警察的监视，但他无所畏惧，把留日的台湾学生组织起来，成立了"省民会"。通过"省民会"的活动，对留日的台湾学生进行爱国主义教育，动员他们回祖国参加抗战，要他们去延安，不要去重庆。

1940 年 3 月 30 日，汪精卫的"国民政府"在南京成立。

之后，汪精卫曾经几次派人来请陈文彬去当"教育部长"，被陈文彬不加考虑地拒绝了，并且骂道："汪精卫这个卖国贼还敢要我去给他当部长……"①

1945 年，抗战胜利后，陈文彬欢欣鼓舞，和进步台胞一起，组织了台湾同乡会，并任会长，后来同乡会改为东京华侨总会，他又被选为第一任会长。

1946 年，陈文彬怀着建设故乡的高度热情回到台湾，先后担任台湾大学文学院教授、台北师范大学教授、台北建国中学校长、台湾省通志馆编纂。他与宋斐如、苏新、吕赫若等进步人士共同创办了进步报纸《人民导报》，对国民党的统治和对台湾人民的压迫进行口诛笔伐。1947 年"二·二八"起义时，陈文彬积极支持和鼓励建国中学的教职员工和学生参加起义。起义失败后，陈文彬被国民党警备司令部拘捕，并在军法处关押两个月。1948 年，陈文彬与中共台湾地下党直接发生联系，并参加了党的外围组织，积极团结知识分子，为地下党刊物《光明报》撰稿，为地下党筹款募捐。1949 年 5 月，陈文彬根据地下党员的通知，获悉台湾当局已经把他列入缉捕的黑名单中，于是他立即离开台湾，取道香港到达北平。陈文彬离开台湾后，国民党当局对他下令通缉，并杀害了他的弟弟。

陈文彬回到祖国大陆后，先后担任中国人民大学国文教研室教师，教育部社会教育史研究员，中国文字改革委员会研究员，商务印书馆馆务委员、编纂，长期从事文字改革和拼音文字的研究工作，发表了许多有价值的论文和著作，对新中国文化事业发展做出了积极的贡献。陈文彬还参加过《毛泽东选集》的日文翻译工作，为国际广播电台和日本版《人民中国》杂志主讲和编写《中国语课本》。

陈文彬 1949 年 6 月经台盟创始人之一苏新介绍加入台湾民主自治同盟，1979 年当选为台盟第二届总部理事。自 1959 年起，连续担任

---

①蓝博洲：《不做日本臣民的陈文彬》，中华全国台湾同胞联谊会编：《台湾同胞抗日 50 年纪实》，北京：中国妇女出版社，1998 年。

第三、四、五届全国政协委员。通过这些平台，陈文彬积极为促进祖国和平统一做贡献。他曾多次亲自致函其中学同学谢东闵先生，希望谢东闵为两岸和平谈判做出贡献。

回首陈文彬的人生轨迹，我们看到了一个个亮点：1920 年代，开始反对日本对台湾的殖民统治；1930 年代，接触中国共产党，积极宣传革命思想，在日本为抗战做贡献；1940 年代，投身故乡台湾建设，参加党的外围组织，并做了大量有益的工作；新中国成立后，为社会主义文化事业、为祖国统一大业努力奋斗。

留日台湾省民会会长、东京华侨总会第一任会长、台北建国中学校长、中国文字改革委员会研究员、商务印书馆馆务委员，这一系列显赫的头衔，构筑了陈文彬辉煌的人生。谨撰此文表达我们对陈文彬先生深深的敬意和思念。

参考文献

1. 中华全国台湾同胞联谊会编：《台湾同胞抗日 50 年纪实》，北京：中国妇女出版社，1998 年。

2. 台盟中央档案文献：陈文彬同志遗书、陈文彬同志悼词。

悠悠江海心，点点繁霜鬓

——记台盟早期盟员王天强

王天强（1910—1970年），台湾台中人。1931年在上海参加台湾反帝同盟。1945年参加台湾人民协会，任中央委员。1946年3月在台湾加入中共，先后担任中共台中县工

1949年9月21日，中国人民政治协商会议第一届全体会议在北平隆重开幕。图为台盟参加会议代表合影。左起：田富达、杨克煌、谢雪红、李伟光、王天强、林铿生（候补代表）

委委员、台中县工委书记。1947年加入台湾民主自治同盟，任第一届总部理事会理事。上海解放后曾任中共华东局第二工作队委员、组织科副科长、中共华东局统战部干事。1949年作为台盟组代表出

席中国人民政治协商会议第一届全体会议。新中国成立后，任第一至四届全国政协委员，台盟福建省支部筹委会主任委员，福建省政协常委，民革第三、四届中央委员等职。

早年投身上海革命斗争

20世纪30年代，日本帝国主义加紧了对中国的侵略，专制的国民党反动政府在国内实行内战，进行独裁的恐怖统治。在这期间的上海，中国共产党领导广大工人群众掀起了一波又一波的反帝爱国革命运动。

1929年6月，台籍中共党员翁泽生及林木顺、杨春松等在上海法租界创建了台湾青年团，加入了上海反帝同盟。1930年，台湾青年团改名为"上海台湾反帝同盟"。1931年，爱国主义意识初步觉醒的王天强在上海参加台湾反帝同盟组织，并加入中国共产主义青年团，积极从事反帝爱国运动，负责该同盟机关报《反帝报》的发行工作。

据《台湾社会运动史》（第三册，334页）记载上海台湾反帝同盟的活动如下：

在六月中旬的党团会议中针对昭和六年（1931年）六·一七纪念运动的指导方针进行协议……以杨春松、王天强为募捐委员，协议募款的具体方案……

1931年3月初，翁泽生在王天强住处召开纪念会议，参加的有台湾青年团员陈炳楠、陈炳誉等人，会议决定以台湾青年团的名义印制"纪念国际妇女节宣言"，由王天强转交上海反帝大同盟。

类似有文字可考的活动还有1931年1月初卡尔罗莎纪念日斗争，列宁纪念日斗争，3月初巴黎公社纪念日的斗争，均有王天强的身影，可看出其逐渐成为台湾青年团的骨干成员。

上海台湾反帝同盟的一系列活动迅速引起了统治当局的注意，1931 年 7 月被检举，不少成员遭逮捕，该同盟遭到重创。王天强也为此在狱中度过了两年铁窗生涯。但是其在斗争实践中得到了磨炼成长，丰富了斗争经验，开始了从一位怀有朦胧革命意识的激进青年向具有革命精神的左翼社会活动家的蜕变过程。

参加"二·二八"起义

1945 年 10 月，台湾光复后，王天强参加了台湾人民协会，台湾农民协会，并担任该协会的中央委员，积极参加民主运动。1946 年 3 月，参加中国共产党，先后担任中共台中县工委委员、台中县工委书记等职，领导农民的反撤佃减租活动。

1947 年 2 月 27 日，台北市专卖局缉私警察在"取缔私烟"时殴打女烟贩，引起在场围观群众的愤慨，遂与警察发生冲突，导致人员伤亡。2 月 28 日，台北市民结队请愿，要求惩治凶手，结果遭到军警镇压，由此引发了台湾全岛民众的抗争活动，掀起了台湾同胞反对当时的国民党专制统治的爱国民主自治运动，史称"二·二八"起义。

在台中地区，谢雪红指挥领导二七起义部队，开展了对国民党军队的武装抗争，控制了台中地区。

在近年公开的《彰化县二·二八事件警察档案》里的《台中县二·二八事件员林区辖内参加暴动奸徒名册》里于"王天强"名下记：

三十七岁，农，员林区永靖乡同安宅。二·二八事件发生时煽动民众鼓励参加暴动。

根据该档案公布的年龄和活动范围，我们有理由相信王天强不但参加了"二·二八"起义，而且在事件中发挥了相当重要的组织和领导作用。

据汪毅夫教授所查阅到的王天强 1951 年 3 月撰写的《自传》稿

本，写道：王天强在"二·二八"斗争中的事迹包括：协助林清山（又名林青山，后来是台盟福建省委第二任主委）组织一支人数约为二三百人的农民自卫队，部分队员赴嘉义参加武装斗争；在家中收藏 10 把枪支；在家中掩护过杨逵夫妇、张志忠等"二·二八"斗争的参加者和领导人；承担同嘉义武装队伍的联络。

后由于身份暴露，王天强于 1949 年 4 月离开台湾，内渡上海。

参加中国人民政治协商会议第一届全体会议

1949 年 6 月 19 日，在新政协筹备会第一次会议的最后一天，台盟被确定为"参加新政协之一单位"并确定了代表名额，标志着台盟从地方性政治团体转型为全国性民主党派。

1949 年 9 月 21 日，中国人民政治协商会议第一届全体会议正式召开。王天强作为台盟组 5 名正式代表之一，与台盟组其他代表谢雪红、杨克煌、李伟光、田富达一同参加了会议。

会议通过了起临时宪法作用的《共同纲领》，选举毛泽东为中央人民政府主席。9 月 30 日会议圆满完成了各项任务后胜利闭幕。接着全体代表在天安门广场举行人民英雄纪念碑奠基典礼，10 月 1 日王天强和首都 30 万军民一起参加了开国大典。

这也许是作为台盟组代表的王天强一生中最激动最荣耀的时刻。

负责台盟福建省支部筹备委员会全面工作

福建与台湾五缘相通，关系最为密切，一直是大陆开展对台统一战线工作的前沿阵地。在新中国成立初期有 10 多名台盟盟员从外省调到福建工作。台盟为了进一步扩大政治影响，更好地协助有关部门做好台湾人民工作，把在福建发展台盟组织的问题提上了议事日程。1955年11月，台盟总部理事会主席谢雪红以全国人大代表的身份到福建视察，同有关人士商谈在福建建立台盟组织的问题。

在各方的积极推动下，1958年1月8日，台湾民主自治同盟福建省支部筹备委员会在福州成立。由王天强、侯北海、吕从周、陈龙泉、柯进旺5人组成筹备委员会，王天强被任命为主任委员，侯北海为副主委。随后，王天强被有关部门推选为全国政协委员，同时还担任省政协对台工作组副组长，积极参与国家大政方针和福建省有关重大事项的协商讨论。由于当时福建省盟员较少，台盟福建省支部筹委会未设工作机构，日常工作由主委、副主委和1名专职委员负责。

筹委会成立后，王天强同志领导筹委会班子成员做了大量细致的摸底工作，初步掌握了福建台胞的基本情况，广泛地在福州、厦门、漳州等地台胞中宣传台盟的性质、作用和任务，并组织台胞参与各种政治活动。

王天强同志在担任省筹委会主任委员期间非常注意从组织和思想建设两方面来开展工作。

1958年下半年，筹委会在台湾同胞最多的厦门、漳州两市建立了台胞学习联系小组，负责台胞的小组活动。台胞学习联系小组的主要任务是，组织所联系的台胞学习中国共产党对台工作的方针政策，进行形势教育；发动台胞写信，写广播稿，开展对台宣传；了解台胞的思想和生活情况，帮助他们解决实际问题。此举在一定程度上提高了台盟基层组织的向心力、凝聚力，同时也扩大了台盟的影响力。

王天强等省筹委会负责同志特别注意将每年举行的"二·二八起义"纪念活动作为弘扬台湾人民爱国主义传统、促进祖国统一和对盟员进行爱国主义教育、盟史教育的思想建设的重要内容。1958年2月28日，省筹委会举行集会纪念台湾人民"二·二八起义"11周年，与会人士揭露美国制造"两个中国"的阴谋，表示要积极行动，力争台湾早日解放。7月29日，省筹委会组织居住在福州的台胞举行座谈会，声讨美、英侵略中东，谴责美国和国民党当局在台湾地区制造紧张局势的阴谋活动。9月6日，王天强主委发表谈话，坚决拥护周恩来总理关于台湾海峡地区局势的声明，谴责美帝国主义在台湾地区扩大侵略的罪行。10月9日，省筹委会负责人发表谈话，拥护国防部部长彭德怀《告台、彭、金、马军民同胞书》。1962年2月1日，台盟福建省支部筹委会负责人和在榕的台湾同胞，参加省政协举行的郑成功收复台湾300周年纪念集会。

这些活动受到社会各界和海内外新闻媒介的关注，产生了积极的社会影响。

王天强担任筹委会主任委员期间尤为重视对台宣传工作，经常组织盟员和居住在福建省内的台胞以及福建去台人员家属，给在台湾的亲人写信，通过日本、香港等地转送到台湾；还为对台宣传媒体撰写稿件，组织曲艺小组在对台广播中演唱台湾民歌等节目，为促进国家统一事业积极开展工作。

在负责台盟福建省支部筹委会工作期间，王天强同志对待工作勤勤恳恳，任劳任怨，对待同志和蔼可亲，扩大了台盟的影响力，为日后台盟福建组织的发展打下了一定的基础，也为祖国的统一事业贡献了自己的心力。

生命的终曲

"文化大革命"使中国共产党、各民主党派和全国各族人民遭受了新中国成立以来最严重的挫折和损失。这期间各民主党派被迫停止了活动，各民主党派在福建的成员亦遭受了不公正的待遇。作为台盟福建省筹委会主委的王天强在"文革"中也遭到林彪、"四人帮"反革命集团诬陷迫害，曾一度跳楼自杀，未果，后于1970年被迫害致死。

但历史终究是由人民来书写。

1980年11月2日，在公审林彪、江青反革命集团主犯的中华人民共和国最高人民法院特别法庭上，由最高人民检察院检察长兼特别检察厅厅长黄火青宣读的《起诉书》中指控林彪、江青反革命集团第38条罪行即是对民主党派的迫害，其中指出：

> 各民主党派领导人遭到诬陷、迫害的有：中国国民党革命委员会中央副主席邓宝珊，中国民主同盟中央副主席高崇民、吴晗，中国民主建国会中央副主任委员孙起孟，中国民主促进会中央副主席车向忱，中国农工民主党中央主席团委员周谷城，九三学社中央副主席潘菽。各民主党派和全国工商联的中央常委、委员和候补委员大批受到诬陷、迫害，黄绍竑、梅龚彬、楚溪春、刘清扬、潘光旦……王天强等被迫害致死。

1980年12月9日，福建省政协、中共福建省委统战部、台盟福建省支部及各界人士举行追悼会，为原台盟福建省支部筹委会主委王天强平反昭雪，在其悼词中评价道：

> 在文革中对王天强同志作为叛徒批斗是错误的，对他所强加的一切污蔑不实之词应予以推倒。王天强同志热爱中国共产党，热爱伟大的社会主义祖国。他反对帝国主义侵略台湾，为台湾的回归、祖国的统一事业做出了应有的贡献……

在王天强同志诞辰一百周年之际，撰写此文，谨表达我们的崇敬和追思之情。

参考文献

1. 《台湾社会运动史（1913 年—1936 年)》，台北：创造出版社，1989 年。

2. 何池：《中国共产党指导台湾革命研究》，北京：中国文史出版社，2009 年。

3. 吕舆忠：《彰化县二二八事件档案汇编》，彰化：彰化县文化局，2004 年。

4. 福建地方志·民主党派志，http://fjsq.gov.cn。

林正亨 台盟传奇人物

传奇的家族

林正亨是"雾峰林家"的第八代传人，台湾雾峰林家，是台湾台中县雾峰乡知名的望族，被海峡两岸史学界公认为台湾200年来最具影响力的家族，是台湾近代史的缩影。中央电视台一套黄金时间播出的电视剧《沧海百年》，就是透过台湾最富传奇色彩的"雾峰林家"跌宕起伏的家族命运，再现林爽文农民起义到公元1885年（清光绪十一年）台湾建省前近一百年的历史，讲述了林家五代人为代表的一群大陆移民在台湾岛历经百年的垦荒史、创业史和爱国史。

1944年林正亨赴缅甸抗日前给妹妹林双盼（林冈）寄的戎装照

林正亨曾祖父林文察，官至清朝福建陆路提督，清政府赠太子少保，赐谥刚愍，诰授振威将军，赏骑都尉世袭，并准建专祠；祖父林朝栋，曾在清末台湾巡抚刘铭传领导下抗击入侵台湾的法国侵略军，并协助办理新政，因抗击侵台法军、开拓台湾有功，清政府钦加二品顶戴，赐穿黄马褂，统领全台营务；父亲林祖密，是日本侵占台湾时期第一位放弃日本国籍恢复中国国籍的台胞，同时捐出大部分家产支持孙中山的护法斗争，民国七年（1918 年）1 月，孙中山先生委任他为国民革命军闽南军司令；堂叔祖林献堂，倡导台湾抗日民族运动，以汉人本位的思想（一生不说日语、不穿木屐，坚持汉民族的传统生活方式），从事对日本人的抗争，是位有道德勇气与使命感的民族运动先驱，被台湾史学界称为日据时代"台湾第一人"，是台湾日据时代非武装抗日的杰出领导人。

台湾地区领导人马英九曾高度评价林家祖先林朝栋、林祖密、林献堂等民族英雄主义精神，题写了"三代民族英雄，百年台湾世家"的牌匾，更在雾峰林家花园种下一株樱花树，以示留念。

正是秉持了家族的固有本色，林正亨承袭了祖父辈的武德遗风和爱国爱乡的精神，以自己的年轻生命、青春热血谱写了一曲荡气回肠、感人肺腑的动人篇章。

传奇的一生

林正亨自幼受到父亲的革命思想熏陶。1937 年当日军大举侵占东北和华北大片土地，抗日烽火燃遍祖国大地，身在日本殖民地台湾的林正亨为抗日救国而放弃了钟爱的美术学业，毅然只身来到大陆。1937 年，林正亨报考前身为黄埔军校的南京中央陆军军官学校[①]；1939 年毕业后，被派往国民革命军 36 军军部当见习官，随后，转战湖南、广西等战场；在赴广西作战前夕，林正亨在戎装照片上写下了这样的文字："戎装难掩书生面，铁石岂如壮士心，从此北骋南驰戴日

---

①许雪姬：《林正亨的生与死》，台湾省文献委员会，2001 年。

月，衣霜雪。笑斫倭奴头当球，饥餐倭奴肉与血，国土未复时，困杀身心不歇!"体现了其坚强杀敌之心。

1940年1月，林正亨随部队与日军在昆仑关展开大战，四天四夜才冲出包围圈；1941年，林正亨与沈保珠结婚，到国民政府大规模组织第二支远征军赴缅甸作战时，两人已有了一子，但是救国心切的林正亨还是参加了远征军；1944年7月，林正亨被任命为步兵团指挥连连长，从印度雷多开赴缅甸作战；1945年春天，远征军从缅北打到缅中，在一次战役中，林正亨带领的连队被日军包围，子弹打光后，他和全连战士与日军展开肉搏，他以一敌八，刺倒几个日军后，负伤十六处昏死过去，战友们从死尸堆里将他背出，送进战地医院，做了两次大手术，才从死亡边缘把他挽救回来，但他两手伤了筋，已成半个残废人。就是用这样的几近残废的手，林正亨给母亲写下一封家书：

……在这神圣的战争中，我可算尽了责任。台湾的收复，父亲生平的遗志可算达到了，要是有知，一定大笑于九泉。我的残废不算什么，国家能获得胜利强盛，故乡同胞能获光明和自由，我个人粉身碎骨也是值得。请母亲不要为我残废而悲伤，应该为家族的光荣来欢笑，你并没为林家白白的教养了我，我现在成了林家第一勇敢和光荣的人物。

其忠贞报国之心跃然纸上。

1946年年初[1]，当林正亨费尽周折回到陪都重庆时，看到的却是国民党政府的腐败和无能，极其失望和愤怒。他深入重庆朝天门码头，和工人同吃同住，体会到工人的疾苦。他的妹妹林双盼（林冈）和妹夫鲁明介绍他到重庆劳动协会工作，在妹妹的引导下，林正亨开始接触一些进步人士，思想迅速转变，从此他将中国的未来和希望寄托在

[1]王颖：《雾峰林家——台湾第一家族绝世传奇》，九州出版社，2009年。

中国共产党身上。同年，林正亨秘密加入中国共产党，并接受党组织派遣，带领二十几名台籍青年回台湾开展工人运动。回台湾后，林正亨就职于台湾省警务处训导营，这是专门收容青年游民的机构。他组织无业青年在钢铁工厂、印刷厂工作，给他们讲革命道理，帮他们自立谋生，在工人中建立了很高的威信。1947 年 2 月 28 日，林正亨参加台北市震惊中外的"二·二八"起义，起义失败后，他因伤住进同学开的医院，躲过了国民党当局的追捕。

1949 年国民党军在大陆兵败如山倒，蒋介石为固守台湾开始大肆捕杀中共地下党员和进步人士，酿成黑暗、血腥的白色恐怖。1949 年 8 月 18 日凌晨，也就是新中国成立前夕，林正亨在台北家中被捕。考虑到他是国民党元老之子，蒋介石派陈诚到狱中劝降，许诺只要他肯"悔过"，即可释放出狱，林正亨却不为所动。

1950 年 1 月 30 日，35 岁的林正亨在台北市郊的马场町刑场就义。林正亨牺牲后，难友们将他在狱中为孩子们剪的精美纸花，以及他赴刑场前在牢房地板上所刻的绝笔诗带出，题为《明志》的诗这样写道：

乘桴泛海临台湾，不为黄金不为名，只觉同胞遭苦难，敢将赤手挽狂澜。半生奔逐劳心力，千里河山不尽看，吾志未酬身被困，满腹余恨夜阑珊。

1983 年中华人民共和国民政部颁发《革命烈士证明书》，追认林正亨为革命烈士。

林正亨与台盟

林正亨的一生是传奇的，其无论是作为抗日的民族英雄还是坚贞的共产党员都是值得人们称颂的，然而林正亨作为台盟盟员的身份，却一直鲜为人知。

回顾林正亨盟员身份的发现过程，确实也是个巧合，当时，组织部正在整理新中国成立初期台盟档案，其中有一张《台湾革命烈士登记表》，这张登记表上记载了林正亨身份是台湾民主自治同盟盟员。在继续挖掘整理档案过程中，又看到了1950年3月28日，林正亨的妹妹林冈、妹夫鲁明致信谢雪红、杨克煌，要求台盟协助解决林正亨的抚恤、子女的抚养问题的信件。该信编号为总（台盟总部）收字0229号，内容辑录如下：

雪红、克煌同志：

林冈同志已由港将林正亨的两个儿（孩）子接到北京来了，一个七岁，一个四岁，他们在港无人抚养。但他们又非我们直系亲属，两个孩子的生活上学都需由公家解决，请台盟负责同志或华东局即函电中央证明林正亨死难并如何按（安）置他的遗族。请雪红克煌同志即予设法交涉为荷！

敬礼！

鲁明、林冈　三月廿八日

并后附林正亨证明材料，摘录如下：

林正亨，中共党员，台湾民主同盟盟员，一九四九年八月在台湾机关被破获被捕，今年一月三十日在台被蒋匪公开枪毙。林正亨同志是台湾有名的反日领袖林季商（即林祖密——编者注）的儿子，林季商在大革命时在福州从事革命活动，被国民党张继之弟张毅枪毙于漳州（叶剑英同志曾在那时与林一起搞过革命活动），林正亨同志在抗日战争中在缅甸负过重伤，较场口事件时他也被捕，一九四五年回台湾，参加过"二二八"事件。

谢雪红在信件之右下角批示：

给（台盟）华北支部通知：

林正亨同志系我盟盟员，他二个孩子无处可归，既已从港到京，请（台盟总部）驻京办事处请求中央统战部设法安置林同志家属（二孩子），可找中央统战部鲁明同志打听孩子的住所。

1950.4.2

又在林正亨证明材料左下角注曰：

林正亨，一九五○年一月卅日枪毙于台湾。一月卅一日《参考消息》。

在新华社同仁的大力帮助下，我们见到了 1950 年 1 月 31 日"供领导同志参考，不得外传"的《参考消息》[1]。《参考消息》在 1957 年前未公开发行，仅供高层领导内部参考，之后才将发行范围覆盖到"县处级"以上领导，直至 1985 年，《参考消息》才开放订阅。

当期的《参考消息》以《匪残杀"台湾民主自治同盟"盟员二名》为题转刊"中央社台北三十日电"，文章内容全文如下：

【中央社台北三十日电】台省警务处刑警总队于三十八年八月中旬综合各方情报，依据线索，动员全力破获奸商组织一起，先后拘捕林正亨、傅世明、陈南昌等二十余名，并搜获反动书刊甚多。经解台省保安司令部军法处讯明，以林正亨、傅世明先后参加奸匪组织之"台湾民主自治联盟"，印刷综合文摘及和平文献等大批反动书刊售卖散发，并广为吸收党徒，意图颠覆政府，各判处死刑，于三十日枪决。至陈南昌等参加叛乱之组织，各判处有期徒刑十二年。

该期参考消息以极其明确的标题为林正亨的台盟盟员身份提供了重要依据，结合早先台盟档案及谢雪红来往信件与批示，充分证明林

---

① 1950 年 1 月 31 日《参考消息》。

正亨确为台湾民主自治同盟盟员。

当然由于林正亨的特殊身份，其间加入中国共产党、加入台盟的具体过程和细节目前尚无法考证，期望能在台盟盟史研究会的带领下，在林正亨亲人的帮助下，继续发掘史料，让这一段历史更加清晰地展现在我们的面前。

参考文献

1. 许雪姬：《林正亨的生与死》，台湾省文献委员会，2001 年。

2. 1950 年 1 月 31 日《参考消息》。

3. 王颖：《雾峰林家——台湾第一家族绝世传奇》，九州出版社，2009 年。

为推动台湾革命运动而努力

——台籍志士刘启光及其在渝活动

刘启光（1905—1968 年），原名侯朝宗，台湾嘉义人，国民党台籍将领、台湾政界人士。1919 年考入台湾嘉义商业学校，曾参加反日运动，后转读台南师范，1923 年毕业后返乡任教，并积极参加农民的抗日运动。1926 年被解除教职后，专门从事农民运动。1927 年当选台湾农民组合的中央委员，成为台湾农民运动中的活跃分子。1929 年被日本殖民当局逮捕。出狱后担任农民组合中央委员，继续反日活动。1930 年赴大陆，在国民党军队、政府部门任职。

"七七事变"后，改名刘启光，在"重庆军事委员会"总政治部从事对日宣传工作。由于表现优异，不久被提升为第三战区少将兼中央设计委员会专员。他历任国民党台湾党务筹备处设计委员兼秘书、台湾工作团少将主任，参与对日宣传和复台准备工作。

1945 年赴台接收，曾任台湾省行政署参议、新竹县长、华南商业银行董事长、台湾省政府委员、台湾省工商协进会会长、台北市商会理事长等职。刘启光在台日政经界颇为活跃，曾任"中日合作策进委员会"委员，"中日文化经济协会"理事等职，为台湾当局对日关系的重要幕僚。1968 年病故。

参加台湾农民组合活动

19世纪20年代，台湾农民面对日本殖民者的各种压迫，勇敢的与之抗衡，1926年台湾农民组合成立。1927年9月中央机构重组，侯朝宗负责庶务部门工作，担任庶务（驻在本部）。①

1928年2月台湾农民组合在台中荣町本部事务所召开中央委员会，会议确定侯朝宗为台南州的"地方斗士"。台湾农民组合向总督府上书抗议书，反对向农民施展暴压，对台湾当局警察机构取缔台湾农民组合加以抗议。②

1929年2月12日，台湾警察机构对全台湾三百处农民组合机构突击搜查逮捕（二一二事件），此后很多台湾农民组合的干部、成员在思想上愈加接近共产主义，很多人加入台湾共产党。台湾共产党在农民组合中产生深远影响。未被捕的中央委员和候补的中央委员重组为中央指导部，侯朝宗再次当选中央委员。③

参与中国国民党直属台湾党部筹建

抗战时期，国民政府进行了策动台胞抗日、收复台湾的具体策划工作，首先是逐步建立有关的涉台工作机构。其中重要举措之一，就是由官方物色台籍人士筹建国民党中央组织部直属台湾党部筹备处，

---

① 王乃信等译：《台湾社会运动史》（1913—1936）第四册（原《台湾总督府警察沿革志》第二篇《领台以后的治安状况》中卷），创造出版社，1989年，第70页、86页、104页。

② 王乃信等译：《台湾社会运动史》（1913—1936）第四册（原《台湾总督府警察沿革志》第二篇《领台以后的治安状况》中卷），创造出版社，1989年，第70页、86页、104页。

③ 王乃信等译：《台湾社会运动史》（1913—1936）第四册（原《台湾总督府警察沿革志》第二篇《领台以后的治安状况》中卷），创造出版社，1989年，第70页、86页、104页。

1943 年 4 月后正式成立台湾党部，1945 年 9 月后改名为台湾省党部。这一机构为国民党中央据以在沦陷区及台湾岛内推进党务的机构，受国民党中央组织部的直接领导，后来成为台湾党务系统的前身。

台湾党部名称

1940 年，在重庆的台湾革命志士渐多，目标是共同的，但组织形式不统一，其时在国民党军事委员会政治部工作的刘启光认为应当统一台湾革命组织。刘启光建议成立"中国国民党中央组织部直属台湾党部筹备处"，时任国民党中央组织部长的朱家骅认为，台湾将来光复以后的性质、区域尚未确定，所以不用"省"字。此案提交中常会讨论，因对于台湾党务极为秘密，所以不留文字记录，总裁在签呈上批一可字，筹备处正式成立于香港。[①]

台湾党部成立背景

1940 年 3 月 30 日，蒋介石电令朱家骅、陈立夫，王芃生等"负责约同日韩台在渝之革命首领会商"，筹划推动"日本台湾朝鲜的各项革命运动"（《蒋委员长致朱家骅、陈立夫、王芃生请策动日韩台革命运动代电》）。[②]

4 月 26 日，《朱家骅报告遵办筹划日韩台革命运动情形上蒋委员长签呈》中称：

……（三）台湾本我辖地，兹拟迅速成立本党党部，为
工作便利计，暂用化名，查有签在政治部供职之刘启光，系
台湾籍，当先约其谈话，俟议有具体办法，再呈请核定经费

---

①《台籍志士在祖国的复台努力》，《中国现代史史料汇编》第二集，国民党党史会出版，近代中国发行，第 300－305 页。

②《台籍志士在祖国的复台努力》，《中国现代史史料汇编》第二集，国民党党史会出版，近代中国发行，第 300－305 页。

及负责人员。

职朱家骅谨呈四月廿六日 ①

这段文字记录了时任国民党中央组织部长的朱家骅接到蒋介石电令后，通过原在中央调查统计局的部属、当时供职于军事委员会政治部的台籍人士刘启光（台湾革命团体联合会秘书长），令他"设法使台湾革命团体事实上与中国国民党发生统属关系，以利革命事业之开展"②。

台湾党部筹建

1940 年 10 月 28 日的《朱家骅档案》提到国民党直属台湾党部的筹建：

> 本党对于台湾港澳等地，向以海外相视，故台湾隶属东京总支部，港澳则直属海外部。余深以为不妥。十六年在粤时曾提议将港澳总支部划归广东省党部也。二十八年底由秘书长调长组织部后，发现本党在台既无专职，亦无活动科研，即东京总支部，亦因战事而瓦解。惟台湾同胞怀念祖国之心仍切，在渝努力抗战之同志甚多，一面随日军进入渝陷地区之人亦复不少。而台湾又为日军南进基地，对于战事颇关重要。因于到部不久，即约集当时在渝之台湾革命同志刘启光、林忠、谢东闵等一再商谈（发展）台湾党务工作，并有刘启光与第一次谈话后，介绍翁先生见面，相谈甚得，即请其参加商谈，时为廿九年一月也。至春间计划妥当，即草拟提案设置台湾党部直属中央，等于省党部，并以翁先生主持其事。

---

①《台籍志士在祖国的复台努力》，《中国现代史史料汇编》第二集，国民党党史会出版，近代中国发行，第 300－305 页。

②《台籍志士在祖国的复台努力》，《中国现代史史料汇编》第二集，国民党党史会出版，近代中国发行，第 300－305 页。

当经常会决议通过。暂设于香港，先从沿海一代之台人工作
着手，徐图深入到岛内，以岛内工作为主。以后一再督促，
率以日人监视严密，仅能由港澳、厦门两地派员进入台湾展
开地下活动，党部本身于光复之前未能移岛内。翁先生曾以
工作关系，有时由港到渝商谈，最后似在三十二夏初，我不
复记忆，岂知渠于是年多竟遭牺牲，痛哉！。①

朱家骅到任不久，就约见了在重庆的台湾革命同志刘启光、林忠、谢东闵等商谈发展台湾党务。6月下旬，经刘启光介绍，朱家骅约见了联合会领导人谢南光、宋斐如等，了解"台湾革命运动之现状"，并表示了台湾革命团体"可暂保持独立性"，"但暗中须与本党保持极密切之关系，并受本党之指导"的意见。经多次协商，双方决定先成立"中国国民党中央组织部直属台湾党部筹备处"，刘启光介绍民初即参加同盟会的台籍人士翁俊明参与筹备工作。此后翁俊明就台湾党部的性质隶属、人事配置、党费处理等多项事宜致函请示朱家骅，《翁俊明致朱家骅取消重庆通讯处将党费全部外汇香港以利开展工作进行函》、《翁俊明致朱家骅请委派刘启光为香港筹备处秘书函》等体现了直属党部的前期运作。②

1941年2月，筹备处在香港正式成立，翁俊明为筹备处主任，刘启光为秘书，陈哲生、李自修、叶永年分任组训、宣传、总务三科科长，林忠为重庆联络站负责人，谢东闵为桂林联络站负责人。香港沦陷后，筹备处迁移广东及江西泰和。1943年4月，国民党中央将筹备处正式升格为直属台湾党部。

---

①《台籍志士在祖国的复台努力》，《中国现代史史料汇编》第二集，国民党党史会出版，近代中国发行，第300—305页。

②《台籍志士在祖国的复台努力》，《中国现代史史料汇编》第二集，国民党党史会出版，近代中国发行，第300—305页。

推动台湾革命团体联合会诞生

"七七事变"后，大陆台胞先后成立了一些小的抗日团体，如 1938 年 9 月 18 日合并成立的"台湾民族革命总同盟"（以谢南光为领导人），1939 年并入李友邦领导的"台湾独立革命党"（主体为 1939 年 1 月成立的台湾义勇队），其中包括张邦杰 1938 年发起组建的"台湾革命党"。抗战开始后，台湾独立革命党、台湾民族革命总同盟的同志感到分头发展是由于环境因素造成的不得以现象，于是 1940 年春，刘启光等人提出形成统一组织，集中力量共同奋斗。"三月中旬，各方面的负责同志齐集重庆，经过一番的商榷之后，台湾革命团体联合会便很顺利地诞生了。"①

1940 年 3 月 29 日，台湾独立革命党、台湾民族革命总同盟在重庆联合成立"台湾革命团体联合会"，谢南光、李友邦、张邦杰三人为常委，轮流担任主席，刘启光为秘书长。刘启光的《台湾革命团体联合会的诞生》一文，宣告台湾革命团体联合会在渝诞生。

> 台湾革命团体联合会是在三月廿九日正式成立的；当整个消息在报纸上露布之后，许多关心台湾革命运动的祖国同胞，都表示了莫大的快慰和期待，认为台湾革命运动从此得以统筹推动，加速发展了。②

之所以选择三月二十九日，是由于"黄花岗节是中华民族革命史上具有重大意义的一天，我们的台湾同胞是中华民族的一份子"。③ 刘启光等认为，三百年来的中华民族复兴运动，台湾同胞始终分担着相

---

①《台湾革命团体联合会的诞生》，《台湾先锋》第 2 期，1940 年 5 月 15 日。
②《台湾革命团体联合会的诞生》，《台湾先锋》第 2 期，1940 年 5 月 15 日。
③《台湾革命团体联合会的诞生》，《台湾先锋》第 2 期，1940 年 5 月 15 日。

当重要的主要的历史事实，更为着表明此后的台湾革命运动仍然是整个中华民族复兴运动的一翼起见，特选定这一日做台湾革命联合会诞生的日子。

文中刊登了"台湾革命团体联合会成立宣言"，指出：

> 根据上述认识，台湾独立革命党民族革命总同盟誓愿精诚团结，群策群力，为促成祖国抗战胜利，台胞自由解放而携手奋斗。日月如梭，良机不再，吾人决以三民主义及抗战建国纲领为今后运动总则，在我民族领袖蒋委员长领导之下，集中一切台湾革命势力，推翻日本帝国主义在台湾之统治，准确台湾同胞之自由解放。同时加紧动员台胞，扩充台湾义勇队协助祖国英勇将士，驱逐倭寇出中国。惟吾人深感责重力薄，切望台胞奋起合作，中外父老随时指导，以辅其成。即台湾幸甚，中国幸甚矣！[①]

台湾革命团体联合会的成立，标志着台湾革命运动进入新阶段，在渝分散的台湾革命运动有了统一的指导机构，抗战时期台湾革命者反对日本帝国主义的力量更趋集中。1940 年 7 月 25 日，台湾革命团体联合会又有林士贤、陈友钦领导的台湾青年革命党和宋斐如、柯台山领导的台湾国民革命党加入。这些在国统区成立的台胞抗日团体，大多得到国民党中央或省地方政府的认可和支持，对其活动的发展给予一些便利。

1941 年 2 月 10 日，上述团体在重庆正式成立统一的"台湾革命同盟会"，形成大陆台胞的抗日联合阵线。国民党中央组织部将这一大陆台胞抗日团体的联盟纳入到国民党官方指派的台湾党部筹备处指导之下。宋斐如、李友邦、谢南光任台湾革命同盟会常委，国民党中央

---

①《台湾革命团体联合会的诞生》，《台湾先锋》第 2 期，1940 年 5 月 15 日。

组织部直属台湾党部筹备处主任翁俊明任监委主任。朱家骅指示翁俊明，妥为运作，加强与台湾党部合作，使该协会成为国民党的外围团体。

播报日本对华侵略时政

刘启光驻渝时期，"应军事委员会政治部之约，每星期日重庆时间下午七时廿分及星期四重庆时间下午九时三十分，分别由重庆国际广播电台及中央广播电台，向台湾同胞播议时事问题，希望各地台湾革命同志及同胞，注意敬听。"①

1941年1月16日，刘启光通过国民党中央广播电台向台湾同胞播报了《议会再开前的日本政局》，分析日本政府与在野党的摩擦、分析各种政治力量间的矛盾。

1月9日，刘启光在中央广播电台的《东条的悲鸣》发出感叹：

总而言之，东条的悲鸣，在在都是事实，在在都有其不忍言又不得不言的苦衷！日本避免溃败的唯一路径，就是停止对华侵略，交还台湾东四省及一切由中国强占过去的土地；放弃南进的梦想，回头去休养三年半来所耗损的国力。各位想一想：日本军阀能够甘心这样做吗？不会的，那么，日本的前途就只有"溃败"两个字了！②

担任台湾义勇队重庆通讯处代表

刘启光驻渝期间还兼任台湾义勇队重庆通讯处代表，日本轰炸重

---

①《东条的悲鸣》，《台湾先锋》第7期，1941年3月15日。
②《东条的悲鸣》，《台湾先锋》第7期，1941年3月15日。

庆后，1940 年 6 月 19 日，刘启光代表台湾义勇队重庆通讯处为迁移地址致国民党军委会政治部报告，内容如下：

台湾义勇队重庆通讯处为迁移地址致军委会政治部报告
(1940 年 6 月 19 日)

查属处中三路原址于六月十一日被敌机炸毁后，当即径往上南区马路 195 号临时办公，并呈报均部在案。兹已觅定中二路 236 号为固定办公地址，即日迁入照常工作，敬祈准备案，实感公便。

谨呈

秘书长贺转呈

部长陈

台湾义勇队重庆通讯处代表　职刘启光[①]

1941 年 1 月 30 日，刘启光推动台湾义勇队重庆通讯处改组为驻渝办事处，他向军委会呈：

台义渝政字第 12 号

衔略——本队经常费业经获准自卅年元月期在渝具领，而领导台湾革命运动之统一革命党，不久亦将在渝成立，各方接洽联络事务日繁，通讯处规模已不足应付当前需要，爰着自本年二月一日起，将重庆通讯处改成驻渝办事处，扩充组织，仍由该员充任主任，仰即知照并就近呈请部座鉴核备案为要。[②]

随即他提到要刻一枚方形篆字图章，文为"国民政府军事委员会政治部台湾义勇队驻渝办事处图记"，拟于 2 月 1 日启用，呈请鉴核备案。

---

①福建省档案馆编：《台湾义勇队档案》，海峡文艺出版社，2007 年，第 222、234、236 页。
②福建省档案馆编：《台湾义勇队档案》，海峡文艺出版社，2007 年，第 222、234、236 页。

3月12日，军委会政治部答复：

治智一字第 2041 号

三十年一月三十日台义渝政字第 12 号呈悉。查该队一切事项正由本部计划统筹整顿中，所请扩充为办事处一节应从缓义。

部长张○○[1]

刘启光从 1940 年起介入接收台湾的工作，先后出任中央直属台湾党部筹备处秘书、台湾工作团主任。1945 年台湾光复，刘启光出任台湾行政长官公署参议，协助国民党政府接收台湾的工作。当时，在行政长官公署的高级公务员中，台籍人士所占比例很小，县市长方面只有 3 位是台籍：台北市长游弥坚、新竹市长刘启光、高雄县长谢东闵。

四五十年代日据时期的株式会社华南银行与台湾信托公司合并改组为华南商业银行，刘启光奉令负责筹备并于翌年当选董事长，后期他由官途转而致力于金融企业的经营，在台日政经界活动活跃。

在此期间，刘启光兼任台湾省政府委员，及当选台湾省第一届临时省议员。晚年，他兼任中华民国联合国同志会常务理事、中日合作策进委员会委员，及中日文化经济协会理事。1952 年 3 月红十字会台湾省分会第一次理事会召开，刘启光作为具有公职背景的政府官员"省府委员、第一届临时参议员"担任理事。[2]刘启光担任华南商业银行董事长一职至逝世为止。

---

① 福建省档案馆编：《台湾义勇队档案》，海峡文艺出版社，2007 年，第 222、234、236 页。
② 《中华民国红十字会百年会史（1904－2003）》，中华民国红十字会总会出版，2004 年，第 363、370 页。

后　记

甲午一战，清政府战败，日本强占台湾。台湾民众，誓死抵抗，"义不臣倭"，"决心人人战死而失台，决不愿拱手而让台"。日本据台50年，台湾同胞抛头颅，洒热血，前仆后继地反抗50年，牺牲了65万人，绝不屈服。树立了一座座不朽的历史丰碑，塑造了台湾同胞爱乡爱土的群像。

由于本丛书容量有限，难以把台湾同胞50年的抗日英烈事迹全部涵括，我们更期待一本将台胞英烈奋勇抗日的事迹全面收集汇总的书籍能够面世。

本丛书从策划到面世历时3年，在此期间得到了国务院台湾事务办公室新闻局、人民日报海外版、重庆徐康同志等的大力协助和支持，在此一并感谢。同时，台盟中央机关的工作人员不辞辛苦，为本丛书出版付出了辛勤的劳动，他们利用业余时间撰写了诸多文稿，为本丛书的形成作出了重要贡献。感谢台海出版社编辑的辛勤劳动，使本丛书能更规范化，文字更严谨，并最终得以出版。需要特别指出的是，由于我们水平有限，书中引用了海峡两岸的学者著作中部分历史资料，力图"原汁原味"地展现史实原貌，这些历史资料的原作者可按相关规定与台海出版社联系。

在此鸣谢国务院台湾事务办公室新闻局、《人民日报》海外版等的大力协助和支持！

今后，我们将继续挖掘整理台胞抗日的英勇事迹，并编撰出版，展现台湾同胞抵抗日本殖民侵略的爱国赤诚，弘扬台湾同胞爱国爱乡的光荣传统，增进两岸同胞休戚与共的民族认同，为推动两岸和平发展、促进祖国和平统一而积极努力。

是以为记。